AF483884

* 9 7 9 8 8 6 9 1 8 0 3 3 9 *

ספר

עֵץ חַיִּים

לרבינו

חיים ויטאל ז"ל

שֶׁקִּיבֵּל מִמָּרָן הָאֲרִ"י זלה"ה

שַׁעַר הִשְׁתַּלְשְׁלוּת ע"ס

שַׁעַר ב' עָנָף ב'

דט"ו ע"ג – דט"ו ע"ד

תש"פ

SimchatChaim.com

בהוצאת

שִׂמְחַת חַיִּים

בס"ד

הקדמה

ירפא **ה**מאציל **ו**יושיע **ה**בורא את כל חולי בני ישראל, וישלח להם רפואה שלימה, רפואת הנפש ורפואת הגוף, בכל אבריהם ובכל גידיהם לעבודתו יתברך.

בי"ב במנחם אב תשס"ה, הובהלתי לבית החולים, הרופאים לא נתנו לי סיכוי לחיות יותר מכמה שעות בגלל מספר תסבוכות. עם כל זאת בזכות התפילות של בני ישראל הקדושים, ברחמיו הרבים, ריחם עלי הקדוש ברוך הוא, ונשארתי בחיים.

עם כל זאת, הובחנה אצלי מחלה קשה בכליות, ונאמר לי שהצטרך למכונת דיאליזה. בשבילי זה היה שוק!!! אף פעם לא הייתי אצל רופא, או בבית חולים. כך בעל כרחי התחברתי למכונת דיאליזה, ומכונה זאת הייתה[1] קשורה בי ככלב במשך שמונים חודשים בדיוק, כמניין **יסוד**, במשך 12-10 שעות ביום.

בשבת פרשת **ויחי יעקב** י"ב טבת תשע"ב, בזכות בני ישראל, שכולם אהובים כולם ברורים כולם גיבורים כולם קדושים... וכולם פותחים את פיהם באהבה שלוש פעמים ביום, ואומרים - **ברוך אתה... רופא חולי עמו ישראל**, וכללותם כל האברכים, תלמידי הישיבות, רבנים וחכמים, חסידים, מקובלים עם תינוקות של בית רבן, זקנים עם נערים, בחורים וגם בתולות, בארץ הקודש ובעולם. ומצד שני בנות ישראל היקרות מפז, שהתפללו וקבלו עליהם כל מיני קבלות, מהפרשת חלה עד צניעות וכיסוי הראש, עם הרבנים, המנהלים, המורים, המורות **והתלמידות של בית יעקב** דטורונטו שכל יום התפללו, וכללו בתפילתם שבקעה את כל הרקיעים אותי, ונושעתי אני הקטן. הושתלה בי כליה. והתנתקתי ממכונת הדיאליזה.

אמר המלך דוד - לולי[2] תורתך שעשעי אז אבדתי בעניי. מה שנתן לי חיות היא התורה הקדושה, בשעות הרבות שהיתי מחובר למכונת הדיאליזה)כ12 שעות ביום(, ערכתי סדרתי וכתבתי במחשב את הקונטרסים שלמדתי במשך שנים. וקונטרסים אלו הפכו לחיבור, ואחרי התלבטויות ובקשות מבני גילי, החלטתי בעזרתו יתברך להדפיס קונטרסים אלו.

ידוע הוא כי כל דברי האר"י זלל"ה ותלמידו נאמן ביתו, רבינו חיים ויטאל הם סתומים וחתומים באלפי שרשראות ומנעולים, והרב ז"ל גלה טפח וכיסה אלפים אמה, וכלל דבריהם הוא משלים, עם כל זאת העוסק במשל פועל בעלמות העליונים בנמשל. לכן צריך זהירות גדולה לא להגשים את המשלים, בסוד המבואר בספר הזוהר הקדוש - **ועלייהו אתמר** ועליהם נאמר - **ארור האיש אשר יעשה פסל ומסכה וגומר, ושם בסתר, מאי בסתר** מהו בסתר - **בסתרו דעלמא** בסתר העולם. **ובגין דא אמר קודשא בריך הוא לא תעשון אתי** ומפני זה אמר הקדוש ברוך הוא לא תעשון אתי **אלה"י** כסף ואלה"י זהב, **והכי אוקמוה חבריא לא תעשון אתי כדמות שמשי שמשמשין אותי** וכך העמידוהו החברים לא תעשון אתי כדמות שמשי שמשמשים אותי במרום, **לציירא בסתר דילי שום ציור או דמיון** לצייר בסתר שלי שום ציור או דמיון, **דכל מאן דצייר לעיל לקודשא בריך הוא** שכל מי שמצייר למעלה לקדוש ברוך הוא, בסתר)**דאיהי שכינתיה, כלילא מעשר**

---

[1]
גמרא סוטה ד"ג ע"ב – רבי אלעזר אומר, **קשורה בו ככלב**, שנאמר - ולא שמע אליה לשכב אצלה להיות עמה לשכב אצלה בעולם הזה. להיות עמה לעולם הבא.
[2]
תהלים קי"ט צ"ב

ספיראן שהיא שכינתו, כלולה מעשר ספירות(, **שום ציור, וצלם, ודמות, כגוונא דמציירין בשמשין דיליה** שמציירים בשמשים שלו, **בנשמתיה אתלבשא בההוא צלמא** נשמתו מתלבשת באותו צלם....

וכן הוא בסוף ענף ד' דשער א' בספר עץ חיים שער ההקדמות, וז"ל הטהור - ואמנם דבר גלוי הוא כי אין למעלה גוף ולא כח גוף חלילה. וכל הדמיונות והציורים אלו לא מפני שהם כך חס ושלום. אמנם **לשכך את האוזן** לכשיוכל האדם להבין הדברים העליונים, הרוחניים, בלתי נתפסים, ונרשמים בשכל האנושי. לכן ניתן רשות לדבר בבחינת ציורים ודמיונים, כאשר הוא פשוט בכל ספרי הזוהר. וגם בפסוקי התורה עצמה כולם כאחד עונים ואומרים בדבר הזה, כמו שאמר הכתוב עיני הוי"ה המה משוטטים בכל הארץ. עיני הוי"ה אל צדיקים. וישמע הוי"ה. וירח הוי"ה. וידבר הוי"ה. וכאלה רבות. וגדולה מכולם מה שאמר הכתוב - ויברא אלהי"ם את האדם בצלמו בצלם אלהי"ם ברא אותו זכר ונקבה וגו'. **ואם התורה עצמה דברה כך** גם אנחנו נוכל לדבר כלשון הזה, עם היות שפשוט הוא שאין שם למעלה אלא אורות דקים בתכלית הרוחניות, בלתי נתפשים שם כלל, וכמו שאמר הכתוב - כי לא ראיתם כל תמונה, וכאלה רבות. ואמנם יש עוד דרך אחרת כדי להמשיך ולצייר בה הדברים העליונים, והם בחינת כתיבת צורת אותיות, כי כל אות ואות מורה על אור פרטי עליון, וגם תמונת זו דבר פשוט הוא כי אין למעלה לא אות ולא נקודה, **וגם זה דרך משל וציור לשכך את האוזן** כנזכר.....

ולכן כל המבואר כאן בחיבור זה הוא כדי **לשכך את האוזן**. והתרשימים שבסוף החיבור הם כדי **לשבר את העין**, לכן אין שום ביאור והסבר שלם, ואין שום תרשים שלם בתכלית השלמות.

ידוע כי[3] דברי תורה עניים במקומן ועשירים במקום אחר, **ועל אחת כמה וכמה** בדברי הרב ז"ל, שכל סוגיה חסרה[4] במקומה, וחלקיה מפוזרים במקומות אחרים. **זאת ועוד** הרב ז"ל מערבב בדרוש אחד כמה וכמה סוגיות, כאשר בפשטות דבריו נראה שכל הדרוש הוא דרוש אחד, ולא מחולק לסוגיות שונות, ושמועות שונות, **ביאור** דברי הרב ז"ל כאן הם **בעומק**, **והוא בעצם ליקוט** עד איפה שידי הקצרה הגיעה, מכל חלקי ספר עץ חיים, ושמונה השערים המצוינים לרב ז"ל, מבוא שערים ושאר ספרי הרב ז"ל, והוא גם על פי הקדמת רחובות הנהר למרן הרש"ש, דרושי פנימיות וחיצוניות, דרוש הדעת, סוגיות ערכין, סוגיות דכללות והתכללות, פרטות וכללות, וסוגיות עובי ואורך, ועל פי ביאור גדולי רבותינו חכמי המקובלים לדורותם זלה"ה זי"ע.

ידוע כי[5] אין בר בלי תבן, כך אין ספר בלי טעויות, ועוד יודע אני כי דל ועני אני, **ואין**[6] **עני אלא בדעה**. לכן מבקש אני בכל לשון של בקשה אם יש לכל אחד שאלות, הערות, הארות, תיקונים, נא לשלוח ל - book@simchatchaim.com והשתדל לענות, ולתקן את הצריך תיקון.

בברכה והצלחה בלימוד התורה הקדושה

ובעיקר בפנימיות התורה, תורת האר"י הח"י.

ורפואה שלימה לכל חולי ישראל.

אח"י

---

[3] **גמרא ירושלמי, ראש השנה פ"ג הלכה ה' די"ז ע"א** – דברי תורה עניים במקומן, ועשירים במקום אחר.

[4] **תורת חכם דע"ב ע"ב** – חסר לשון הוא, כמו שיראה המעיין.

[5] **גמרא ברכות נ"ה א'** - מה לתבן את הבר נאם ה', וכי מה ענין בר ותבן אצל חלום, אלא אמר ר' יוחנן משום ר' שמעון בן יוחאי ,כשם שאי אפשר לבר בלא תבן, כך אי אפשר לחלום בלא דברים בטלים.

[6] **גמרא נדרים מ"א ע"א** - אין עני אלא בדעה .

ב"ה

הקדמה קצרה לחיוב לימוד תורת הקבלה

ישמחו **ה**שמים **ו**תגל **ה**ארץ ירעם הים ומלאו. שזכינו בדור שלנו שפנימיות התורה, שהיא היא תורת הקבלה, מתפשטת לכל, וכל מקום בעולם היום לומדים בתורת הח"ן. הדור שלנו יש הרבה התעוררות ללמוד סתרי התורה הקדושה, הנקראת חכמת הקבלה. בירושלים של המאה ה18 בישיבת **בית אל** היו בקושי מנין של מקובלים, והיום תורת הקבלה מופצת בכל מקום בארץ ובעולם. לעניות דעתי אחת הסיבות העיקריות לשינוי זה הוא רצונם של בני התורה, החוזרים בתשובה ועמך לדעת את סוד החיים, למה ברא הקדוש ברוך הוא את העולם, ואת טעמי המצות, ר"ל אי אפשר היום בדור שלנו, להסביר על פי הפשט את הסיבה מדוע אסור לאכול בשר וחלב, מדוע צריך להניח תפילין, למה לשמור דוקא שבת ולא יום שלישי, אי אפשר להגיד כל הזמן **זאת גזרת הכתוב, כך רוצה הקדוש ברוך הוא**, האנשים מחפשים הסברים למצות, לסיפורי התנ"ך, לגלגולי נשמות, ועוד. ורק על ידי עסק בפנימיות התורה, אדם מסיג את ההסברים לקושיות שיש לו. **זאת ועוד** חיים אנחנו בדור של חומריות, והאנשים מחפשים את רוחניות שבחיים, אז מה עושים, נוסעים למזרח, להודו, סין, תאילנד למצוא רוחניות, ולא יודעים **ששורש כל הרוחניות בעולם נמצאת בתורה הקדושה**, עם כל זאת כאשר הלומד את פשט התורה, **הוא לא מכיר** את הקדוש ברוך הוא, והוא בלי יראת שמים ושמחה אמתית. כותב הרב המקובל האלוה"י רבינו יהודה פתייה בפרושו הנפלא על עץ חיים - כי לימוד עץ חיים הוא עמוק מאד מאד, כי הוא **מים שאין להם סוף**, והוא קשה מאד גם לחכמים ההוגים בו תמיד, וכל שכן למתחילים. כי הוא חזק מצור, וקשה מברזל, שאי אפשר לחצוב ממנו מאומה, אם לא על ידי כלי מחצב חזקים כציפורן שמיר. וכל המתחיל בלימוד עץ חיים, אם לא יהיה לו רב, או לפחות איזה מפרש המפרש לו כוונת הפרק ההוא לפי פשוטו, נבול יבול, ואינו יכול לעמוד על הפרק כי אם לאחר יגיעה רבה, ושקידה עצומה, וכולי האי ואולי. כי הרבה פעמים יסבור המעיין שהבין הענין ההוא כראוי, ואחר שילמוד עוד איזה פרקים אחרים, ירגיש כעצמו שלא הבין את פרקים הקודמים, והניסיון יעיד על זה, עד כאן דברי קודשו. עם כל זאת חייב כל אדם לעסוק בתורת ה**חיים**.

צדיק אתה הוי"ה וישר משפטיך. כתב הרב רבינו חיים ויטאל ז"ל בהקדמה לשער ההקדמות - והנה מה שכתב בתחילת דבריו, ואפילו כל אינון דמשתדלי באורייתא כל חסד דעבדי לגרמייהו וכו', עם היות שפשטו מבואר ובפרט בזמנינו זה, בעוונותינו היום אשר התורה נעשית קרדום לחתוך בה אצל קצת בעלי תורה, אשר עסקם בתורה על מנת לקבל פרס, והספקות יתירות, וגם להיותם מכלל ראשי ישיבות, ודיני סנהדראות, להיות שמם וריחם נודף בכל הארץ, **ודומים במעשיהם לאנשי דור הפלגה הבונים מגדל וראשו בשמים**, ועיקר סיבת מעשיהם היא מה שנאמר אחר כך הכתוב - **ונעשה לנו שם**... והנה על הכת הזאת אמרו בגמרא כל העוסק בתורה שלא לשמה, נוח לו שנהפכה שליתו על פניו, ולא יצא לאויר העולם. ואמנם האנשים האלה מראים תימה וענוה באמרם כי כל עסקם בתורה הוא לשמה. והנה החכם הגדול התנא רבי מאיר ע"ה העיד עליהם שלא כך הוא, באומרו לשון כללות - כל העוסק בתורה לשמה זוכה לדברים הרבה וכו', **ומגלים לו רזי תורה, ונעשה כנהר שאינו פוסק**, והולך

וכמעיין המתגבר מאליו, בלתי הצטרכו לטרוח ולעיין בה, ולהוציא טיפין טיפין של מימי התורה מן הסלע, הנה זה יורה שאינו עוסק בתורה לשמה כהלכתה, ומי זה האיש אשר לא יזלו עיניו דמעות בראותו המשנה הזאת, **ורואה חסרונו ופחיתותו**, עד כאן לשונו. לכן כל אחד צריך לטעום מעץ החיים.

חצות לילה אקום להודות לך על משפטי צדקך. כתב רבינו אליהו מני זצ"ל רבו של הרי"ח הטוב, בספרו הקדוש כסא אליהו שער ד' וז"ל - ואם זיכך הוי"ה ללמוד בחכמת האמת, הנה עצה היעוצה היא שכל סדר הלימוד בנגלה תתנהג בו ביום דווקא. **אבל בלילה תלמוד בחכמת האמת, והעיקר הלימוד אחר חצות**, כי זה הלימוד צריך ישוב דעת הרבה, וכשיקוץ האדם אז דעתו מיושבת עליו יותר. גם גה הלימוד צריך הסתר והצנע, **וכל דבר שיהיה בלילה ובפרט אחר חצות יהיה נסתר יותר מן היום**. ותעשה ועד עם החברים בבית המדרש אם הוא צנוע, **או בביתך ותלמדו בכל לילה**, עד כאן לשונו. וישב האדם ללמוד בלילה תחת עץ החיים.

קראתי בכל לב עניני הוי"ה חקיך אצרה.[7] בהקדמות לשער ההקדמות מבאר הרב ז"ל - ואמנם אל יאמר אדם אלכה לי ואעסוק בחכמת הקבלה, מקודם שיעסוק בתורה במשנה ובתלמוד, כי כבר אמרו רבינו ז"ל - אל יכנס אדם לפרדס **אלא אם כן מלא כריסו בבשר ויין**, והרי זה דומה לנשמה בלתי גוף, שאין לה שכר ומעשה וחשבון, עד היותה מתקשרת בתוך הגוף, בהיותו שלם מתוקן במצות התורה בתרי"ג מצות. **וכן בהפך** בהיותו עוסק בחכמת המשנה והתלמוד בבלי, ולא ייתן חלק גם אל סודות התורה וסתריה, כי **הרי זה דומה לגוף היושב בחושך**, בלתי נשמת אדם נר הוי"ה המאירה בתוכה, **באופן שהגוף יבש בלתי שואף ממקור חיים**, אשר זהו ענין אומרו במקום אחר ההוא הנזכר לעיל וז"ל - דאילין אינון דעבדי לאורייתא יבשה, ולא בעאן לאשתדלא בחכמת הקבלה וכו'. באופן כי התלמידי חכמים העוסקים בתורה לשמה, ולא לשמו, לעשות לו שם. צריך שיעסוק בתחילה בחכמת המקרא, והמשנה, והתלמוד, כפי מה שיוכל שכלו לסבול. ואחר כך יעסוק לדעת את קונו בחכמת האמת, וכמו שציוה דוד המלך ע"ה את שלמה בנו - דע את אלה"י אביך ועבדהו. ואם האיש הזה יהיה כבד וקשה בענין העיון בתלמוד, מוטב לו שיניח את ידו ממנו, אחר שבחן מזלו בחכמה זאת, ויעסוק בחכמת האמת. וזה שמבואר כל תלמיד חכם שאינו רואה סימן יפה בתלמוד בחמשה שנים, שוב אינו רואה, עד כאן דברי קודשו. ומזה כל אחד ואחד חייב להדבק במקור החיים.

חסדך הוי"ה מלאה הארץ חקיך למדני. בשער הגלגולים, בקדמה ט"ז כתב הרב ז"ל - עוד צריך שתדע, כי האדם צריך לקיים כל התרי"ג מצות, במעשה, ובדבור, ובמחשבה. וכמו שאמרו ז"ל על פסוק - זאת התורה לעולה ולמנחה וכו', כל העוסק בפרשת עולה, כאלו הקריב עולה וכו'. וכוונו בזה שהאדם מחוייב לקיים כל התרי"ג מצות בדבור, וכן על דרך זה במחשבה. ואם לא קיים כל התרי"ג בשלשה בחינות הנזכרות, מחוייב להתגלגל עד שישלים אותם. **עוד דע**, כי האדם מחיוב לעסוק בתורה בארבעה מדרגות, **שסימנם פרד"ס**, והם, פשט, רמז, דרוש, סוד וצריך שיתגלגל עד שישלים אותם. ובהקדמה י"ז כותב הרב ז"ל - וז"ל - שהאדם **מחוייב לעסוק בתורה בארבעה מדרגות שבה**, והיא זאת, דע, כי כללות כל הנשמות

ע"ח ד"א ע"ד.

הם ששים רבוא ולא יותר. והנה התורה היא שרש נשמות ישראל, כי ממנה חוצבו, ובה נשרשו. ולכן יש בתורה ששים רבוא פירושים, וכלם כפי הפשט. וששים רבוא ברמז. וששים רבוא בדרש. **וששים רבוא בסוד.** ונמצא, כי מכל פירוש מן הששים רבוא פרושים, ממנו נתהווה נשמה אחת של ישראל, ולעתיד לבא כל אחד ואחד מישראל, ישיג לדעת כל התורה כפי אותו הפירוש המכוון עם שרש נשמתו, אשר על ידי הפרוש ההוא נברא ונתהווה כנזכר. וכן בגן עדן אחר פטירת האדם, ישיג כל זה. וכן בכל לילה כאשר האדם ישן, ומפקיד נשמתו ויוצאה ועולה למעלה, הנה מי שזוכה לעלות למעלה, מלמדים לו שם אותו הפירוש, שבו תלוי שרש נשמתו. ואמנם הכל כפי מעשיו ביום ההוא, כך באותה הלילה ילמדוהו, פסוק אחד, או פרשה פלונית, כי אז מאיר בו יותר פסוק ההוא משאר הימים. ובלילה האחרת יאיר בנשמתו פסוק אחר, כפי מעשיו של אותו היום, וכולם על דרך הפירוש ההוא אשר תלויה בו שרש נשמתו כנזכר, עד כאן דברי קודשו. ור"ל שכל יהודי ויהודי חייב להשיג את שורש נשמתו, וללמוד את סוד ה**חיים.**

יבאוני רחמיך ואחיה כי תורתך שעשעי. מבואר במדרש משלי - אמר רבי ישמעאל, בא וראה כמה קשה יום הדין שעתיד הקדוש ברוך הוא לדון את כל העולם כולו בעמק יהושפט. בזמן שתלמידי חכמים באים לפניו, אומר לכל אחד מהם - כלום עסקת בתורה, אמר לו הן, אומר לו הקדוש ברוך הוא הואיל והודית, אמור לפני מה שקרית, ומה ששנית בישיבה, ומה ששמעת בישיבה. מכאן אמרו - כל מה שקרא אדם יהא תפוש בידו, ומה ששנה כמו כן, שלא תשיגהו בושה ליום הדין. מכאן היה רבי ישמעאל אומר - אוי הלה לאותה בושה, אוי לה לאותה כלימה, ועל זה ביקש דוד מלך ישראל בתפילה ובתחנונים לפני המקום ואמר - הוי"ה בוקר תשמע קולי בוקר אערך לך ואצפה. בא לפניו מי שיש בידו מקרא ואין בידו משנה, הקדוש ברוך הוא הופך את פניו ממנו, ושרי גיהנם מתגברים בו כזאבי ערב, ונוטלין אותו ומשליכין אותו לתוכה. בא לפניו מי שיש בידו שני סדרים או שלושה, אז הקדוש ברוך הוא אומר לו - בני, כל ההלכות למה לא שנית אותם, ואם אומר הקדוש ברוך הוא הניחוהו, מוטב, ואם לאו עושין לו כמידת הראשון. בא לפניו מי שיש בידו הלכות, הקדוש ברוך הוא אומר לו - בני, תורת כהנים למה לא שנית, שיש בה טומאה וטהרה, וטומאת שרצים וטהרת שרצים, טומאת נגעים וטהרת נגעים, טומאת נתקים ובתים וטהרת נתקים ובתים, טומאת זבים ולידה וטהרת זבים ולידה, טומאת מצורע וטהרתו, סדר וידוי יום הכיפורים, וגזירות שוות, ודיני ערכים, וכל דין שדנו ישראל לא דנו אלא מתוכו. בא לפניו מי שיש בידו תורת כהנים, אומר לו הקדוש ברוך הוא - בני, חמישה חומשי תורה למה לא שנית, שיש בהם קריאת שמע, ותפילין, ומזוזה. בא לפניו מי שיש בידו חמישה חומשי תורה, אומר לו - בני, למה לא למדת הגדה, ולא שנית, שבשעה שהחכם יושב ודורש, אני מוחל ומכפר עוונותיהם של ישראל, ולא עוד אלא בשעה שעונין אמן יהא שמיה רבה מברך, אפילו נחתם גזר דינם אני מוחל ומכפר להם עוונותיהם. בא לפניו מי שיש בידו הגדה, אומר לו הקדוש ברוך הוא - בני, תלמוד למה לא שנית, שנאמר - כל הנחלים הולכים אל הים והם איננו מלא, זה התלמוד, שיש בו חכמות הרבה. בא מי שיש בידו תלמוד, הקדוש ברוך הוא אומר לו - בני, הואיל ונתעסקת בתלמוד, **צפית במרכבה, צפית בגאווה,** שאין הניה בעולמי, אלא בשעה שתלמידי חכמים יושבים ועוסקים בתורה, מציצין ומביטין ורואין והוגין המון התלמוד הזה - **כסא כבודי היאך הוא עומד. רגל הראשונה במה היא משמשת, שנייה במה היא משמשת, שלישית במה היא משמשת, רביעית במה היא משמשת, חשמל היאך הוא עומד, ובכמה פנים הוא מתהפך בשעה**

אחת, לאי זה רוח הוא משמש, הברק היאך הוא עומד, כמה פנים של זוהר נראין בין כתפיו, לאיזה רוח משמש, כרוב היאך הוא עומד, לאי זה רוח הוא משמש. גדולה מכולם עיון כיסא הכבוד, היאך הוא עומד, עגול הוא כמין מלבן, ומתוקן הוא, כמה גשרים יש בו, כמה הפסק בין גשר לגשר, וכשאני עובר באיזה גשר אני עובר, ובאי זה גשר האופנים עוברים, ובאיזה גשר הגלגלים עוברים. גדולה מכולם מצפורני ועד קודקודי, היאך אני עומד, כמה שיעור בפיסת ידי, וכמה שיעור אצבעות רגלי. גדולה מכולם כיסא כבודי, היאך הוא עומד, לאיזה רוח הוא משמש, באחד בשבת לאיזה רוח הוא משמש, בשני בשבת לאיזה רוח הוא משמש, בשלישי בשבת לאיזה רוח הוא משמש, ברביעי בשבת, בחמישי בשבת, בשישי בשבת לאיזה רוח משמשין, וכי לא זהו הדרי, זהו גדולתי, זהו הדר יופי, שבניי מכירין את כבודי במידה הזאת. ועליו אמר דוד - מה רבו מעשיך הוי"ה, כולם בחכמה עשית, מלאה הארץ קנייניך. עד כאן לשון המדרש. ממדרש זה לומדים על חובת כל אחד ואחד מישראל את לימוד כל חלקי הפרד"ס, ובעיקר את בחינת הסוד שבתורה, הנקרא[8] מעשה מרכבה, ובמעשה בראשית. ומבאר הרב בית יהודה על השינוי שיש בפסוקים במעמד הר סיני, בפסוק אחד כתוב - ויחן שם **ישראל** תחת ההר. ומספר פסוקים יותר מאוחר כתוב וירא **העם** וינועו מרחק. וידוע כי כאשר כתוב בתורה **ישראל**, מדובר **בבני ישראל**, וכאשר כתוב **העם**, מדובר על **הערב רב**. וז"ל הרב בית יהודה - ובזוהר בהעלותך דף קנ"ב ע"א קרי להעוסקים בחכמת האמת, אינון דהוי קיימי בטורא דסיני. וז"ל - חכימין עבדי דמלכא עלאה אינון דקיימו בטורא דסיני, לא מסתכלי אלא בנשמתא, דאיהי עיקרא דכלא אורייתא ממש וכו'. ונראה בעיני אם מותר, משמע אותן שאינן יודעים סודות התורה לא עמדו על הר סיני, עד כאן לשונו. ונראה לי בביאור כוונתו כי בתחלה כשיצאו ישראל לקראת האלהי"ם, היו מתייצבים בתחתית ההר, ואחר כך נאמר וירא העם וינועו ויעמדו מרחוק, כי היו יראים פן תאכלם האש הגדולה הזאת וימיתו. והיה מקצת מהעם שהיו ששים ושמחים לקראת השכינה, ולא רצו לזוז ממקומם הראשון, ולעמוד מרחוק, אפילו אם ימיתו ממש. ועליהם הוא מה שכתב בזוהר הנזכר - אינון דקיימו בטורא דסיני, כלומר ולא נעו ועמדו מרחוק, אלא עמדו בטורא דסיני מתחלה ועד סוף, ולכן הם זוכים לחכמת האמת. ואותם הנשמות אשר נעו עם העם ועמדו מרחוק, כן הם עושים גם עתה, שנסים ועומדים מרחוק לחכמת האמת מיראתם, פן תאכלם האש הגדולה הזאת. ולכן על כל אחד ואחד מבני ישראל הקדושים מחויב לעמוד תחת עץ החיים.

יראיך יראוני וישמחו כי לדברך יחלתי. בספר הזוהר הקדוש מבואר מדוע התפילות של בני ישראל לא נענות, וז"ל תיקוני הזוהר תיקון מ"ג - **בראשית תמן את"ר יב"ש** במלת בראשית יש אותיות את"ר יב"ש, **ודא איהו ונהר יחרב ויבש** היסוד הנקרא נהר יחרב ויבש ממי השפע, ואין לו מה להשפיע למלכות, **בההוא זמנא דאיהו יבש** באותו הזמן שהיסוד הוא יבש, **ואיהי יבשה** המלכות הנקראת יבשה, היא יבשה כי לא מקבלת שפע מהיסוד, אז כאשר **צווחין בניו לתתא** מתפללים וצועקים בני ישראל, **ביחודא ואמרין** וביחוד שאומרים בני ישראל **שמע ישראל** שיבא ז"א הנקרא ישראל להתיחד עם נוקבא בשעת התפילה דעמידה, עם כל זאת **ואין קול** של התפילה או הקריאת שמע שעוזרים לזיווג דזו"ן **ואין עונה** ואין מי שיענה וימלא את הבקשות בתפילתם. **הדא הוא דכתיב** וזהו שכתוב - **אז בני ישראל יקראונני**

8

גמרא חגיגה די"א ע"ב

בני ישראל בעת צרתם בקריאת שמע ובתפילה, **ולא אענה** ואני לא אענה אותם בתפלתם, מפני שלא לומדים ומתעסקים בפנימיות התורה. **והכי מאן דגרים דאסתלק** וכל מי שגורם הסלקות פנימיות תורת **הקבלה וחכמתא מאורייתא דבעל פה ומאורייתא דבכתב** מהתורה שבעל פה והתורה שבכתב, **וגרים דלא ישתדלון בהון** וגורמים גם לאחרים שלא יתעסקו וילמדו את חכמת הקבלה, **ואמרין דלא אית אלא פשט באורייתא ובתלמודא** ואומרים שאין בתורה ובתלמוד אלא פשט התורה, בלי פנימיות הסוד, **בודאי כאלו הוא יסלק נביעו מההוא נהר** בודאי נחשב לו כאילו הוא מסתלק את נביעת שפע החכמה והבינה מן היסוד, **ומההוא גן** ומן הנוקבא הנקראת גן, **ווי ליה** לאותו יהודי **טב ליה דלא אתברי בעלמא** טוב לו שלא היה נברא, **ולא יוליף ההיא אורייתא דבכתב ואורייתא דבעל פה** ולא היה לומד תורה שבכתב ותורה שבעל פה, כי דינו כעם הארץ שלא למד כלל, ועוד **דאתחשב ליה כאלו אחזר עלמא לתהו ובהו** שנחשב לו כאילו החזיר את העולם לתהו ובהו, ר"ל לסוד שבירת הכלים לפי שמגביר הקליפות כאשר הנהר והגן יבשים, **וגרים עניותא בעלמא ואורך גלותא** וגורם עניות בעולם ומאריך את הגלות השכינה וביאת המשיח. עד כאן דברי הזוהר הקדוש. וכותב רב חיים ויטאל זלה"ה בהקדמה וז"ל - אמנם שעשועות של הקדוש ברוך הוא בתורה, והיותו בורא בה את העולמו, היתה בהיותו עוסק בתורה בבחינת הנשמה הפנימית שבה, הנקרא - רזי תורה, הנקרא מעשה מרכבה, **היא חכמת הקבלה** כנודע אל היודעים, וטעם הדבר הוא להיותו עולם האצילות העליון מאד, טוב ולא רע, דלא יכיל להתערבא עמיה קליפה, ועליה אתמר - וכבודי לאחר לא אתן, כנזכר בספר התיקונין דף ס"ו תיקון י"ח, וכן בספר הזוהר בפרשת בראשית דף כ"ח ע"א עיין שם. ולכן גם התורה אשר שם]**אח"י** - בעולם האצילות[איננה רק מופשטת מכל לבושי הגופנים, מה שאין כן למטה בעולם היצירה, עולם דמטטרו"ן, הנקרא עבד טוב, והוא הנקרא עץ הדעת טוב מסטרא, ומסטרא דסמא"ל שהוא קליפין דיליה, **נקרא עבד רע**, כי התורה אשר שם, הם שית סדרי משנה **הנקראים שפחה** כנזכר לעיל, וכנזכר בפרשת בראשית שם דף כ"ז ע"א. ולכן נקראת משנה, לפי ששם יש שינויים הפוכים **טוב מסטרא דעבד טוב**, היתר, כשר, טהור. **רע מסטרא דעבד רע**, איסור, טמא, פסול. גם הוא מלשון כי מרדכי היהודי משנה למלך, שהיה שפחה הנקרא עבד מלך, מלך גם נקרא מלשון שינה, כנזכר בפרשת פינחס דף רמ"ד ע"ב - קם זמנא תנינא ואמר, מארי מתניתין נשמתין ורוחין ונפשין דילכון אתערו כען ואעברו שינתא מניכון דאיהו, ודאי משנה אורח פשט, דהאי עלמא ואנא לא אתערנא בכו, אלא ברזין עילאין דעלמא דאתי דאתון בהון, לא ינום ולא ישן. וזה יובן במה שמבואר יותר למעלה שם - **ורבנן דמתניתין ואמוראי, כל תלמודא דלהון על רזין דאורייתא סדרו ליה**. ונמצא כי המשנה והש"ס הם הנקרא גופי תורה. והנה דבריהם כחלום בלי פתרון, **ורזייה וסתריה הפנימים הנקרא נשמת התורה, הם הם פתרון החלום הנפתר בהקיץ**, בסוד - אני ישנה ולבי ער, וכמו[9] שאמרו חכמים ז"ל - **במחשכים הושיבני כמתי עולם, זה תלמוד בבלי**, אשר איננו מאיר אלא על ידי ספר הזוהר, **הם הם רזי תורה וסתריה** אשר עליהם נאמר - ותורה אור. ואין ספק כי כמו שהיצר נקראת עבד ושפחה בערך האצילות, ונקרא קליפין ולבושין דחול, כנזכר בהקדמת ספר התיקונין ד"ג ע"ב וז"ל - וביומי דחול לביש עשר כתות דמלאכיא דמשמשי לעשר ספירות דבריאה. ואם כן אין לתמוה כי התורה אשר שם שהיא המשנה, תהיה נקרא שפחה וקליפין דתורה דאצילות, וזה סוד כל הבשר חציר הנזכר

סנהדרין דכ"ד ע"א.

לעיל במאמר הראשון, כי כמו שההחטה שהיא בגימטריא כמנין כ"ב אותיות התורה, הגנוזה תוך כמה קליפין ולבושין שהם הסובין והמורסן והתבן והקש והעשב, הנקרא חציר, כן המשנה אצל סודות התורה נקרא חציר, וזה נרמז בספר הזוהר פרשת כי תצא ברעיא מהמנא דף רע"ה ע"ב - **אצל רבנן ווי לאינון דאכלין תבן דאורייתא, ולא ידעי בסתרי אורייתא, אלא קלין וחמורין דאורייתא, קלין אינון תבן דאורייתא, וחמורין אינון חטה דאורייתא, ח"ט ה' אלנא דטוב ורע וכו'**. ואלו באתי להרחיב דרוש זה לא יספיקו מאה קונטרסין בלי ספק בלי שום גוזמא, האמנם החכם עיניו בראשו כי דברי אמת אני אומר, ואל יתמה האדם בראותו ספר הזוהר איך קורא אל המשנה שפחה וקליפין, כי עסק המשנה כפי פשטיה, **אין ספק שהם לבושין וקליפין חיצונים בתכלית אצל סודות התורה הנגנזים**, ונרמזים בפנימיותה כי כל פשטיה הם בעלם הזה בדברים חומרים תחתונים..... על כן על כל בני ישראל לאכול מעץ החיים.

מה אהבתי תורתך כל היום היא שיחתי. ומבאר הרב ז"ל בהקדמה לשער המצות, כי עסק לימוד פנימיות התורה הוא חלק בלתי נפרד מתלמוד תורה, וז"ל - גם בענין עסק התורה שהיא אחת מרמ"ח מצות עשה, אם לא השלים אותה, **שהוא ענין עסקו בפרד"ס התורה**, שהוא ראשי תיבות **פשט רמז דרש סוד**, בכל בחינה מהם כפי אשר יוכל להסיג, **עד מקום שידו מגעת**, לטרוח ולעשות לו רב שילמדנו. ואם לא עשה כן, הרי חסר מצוה אחת של תלמוד תורה, שהיא גדולה ושקולה ככל המצות, וצריך **להתגלגל** עד שיטרח הארבעה בחינות של פרד"ס כנזכר. וכן מבאר הרב בית לחם יהודה בהקדמתו הקדושה, וז"ל - ומה מאד נמלצו **[אח"י** - מלשון מליצה] בזה דברי הנביא ירמיה)סימן כ"ב(באומרו - אל תבכו למת וכו'. שהוא מדבר עם הציבור המתקבצים להספיד על איזה צדיק הנפטר רח"ל, על שנחסר צדיק אחד מהדור שהיה מנין בזכותו עליהם. וקאמר להו הנביא אל תבכו וכו', **לפי שרובם של צדיקים אינם זוכים לעסוק בכל ארבעה חלקי הפרד"ס, ואם כן מוכרחים הם לחזור ולבוא בגלגול כדי להשלים לימודם בארבעה חלקים**, כי אפילו הוא עסק בשלוש חלקי הפרד"ס, לא יצא ידי חובתו, ועליו נאמר הן כל אלה יפעל א"ל פעמים שלש עם גבר, להחזירו בגלגול. ואם כן הויא פסידא דהדרא. ואפשר שבו ביום שנפטר הוא חוזר ומתגלגל, כנזכר בזוהר ריש פרשת אמור, יעו"ש. ואם כן אין לכם פסידא כל כך. אמנם בכו בכו להלך, לאותו צדיק שכבר עסק בארבעה חלקי הפרד"ס. כי תיבת להלך היא חסר ו', ואם תחשוב תיבת להלך ארבעה פעמים עם ארבעה הכוללים, שהם כנגד ארבעה חלקי הפרד"ס, הם בגימטריא פרד"ס. **שזה הצדיק לא ישוב עוד וראה את ארץ מולדתו, כי על ארבעה לא אשיבנו**. שזהו פסידא דלא הדרא באמת, ונחסר לגמרי מן העולם הזה, עד כאן לשונו. ולכן חובה על כל אדם לעסוק בכל חלקי הפרד"ס, ובפרט בחלק הסוד, הנקרא פנימיות התורה, כמבואר בזוהר הקדוש כמובא בזוהר הקדוש פרשת נשא דף קכ"ד - **בהאי חבורא דילך דאיהו ספר הזוהר יפקון ביה מן גלותא ברחמי**, בזכות הלימוד בספר הזוהר הקדוש, יצאו בני ישראל מהגלות ברחמים. ועוד כל מי שחשוקה נפשו ללמוד, אסור למנוע זאת ממנו, בסוד הפסוק[10] - אל תמנע טוב מבעליו, ועל כל אדם להיכנס לפרד"ס החיים.

אשרי האיש אשר לא הלך בעצת רשעים ובדרך חטאים לא עמד ובמושב לצים לא ישב. דע כי

משלי ג' כ"ז - אל תמנע טוב מבעליו בהיות לאל ידך לעשות.

יהיו הרבה אנשים רשעים, שינסו למנוע מבני ישראל הקדושים ללמוד בכללות תורה, ובפרט את תורת הקבלה, מכל מיני סיבות ומניעות, והשטן מדבר מגרונם של אלו הרשעים. ואלו דברי קודשו של בעל שבט מוסר רבינו אליהו הכהן האתמרי זצלה"ה - ובהביטך בן אדם מה שעבר על אחרים למה תרדוף אתה אחר כל אלה הדברים הזרים, להשביע נפש מרורים ולמוסרה ביד צרים המה המקטרגים הצוררים, ולמה לא תחמול על נפשך ועל נועם תבנית צלם גופך למוסרו בידן ולהשליכו בתוך גחלי רתמים בטיט היון של גיהנם, להשחירו ולהתיכו כאשר ניתך הזפת בפני האש, אשר על כן תן עצה אתה בנפשך **לברור בדרך החיים בעסק התורה והמצות**, וגם להצטער עצמך זמן קצוב הם חיי עולם הזה, כדי שתתענג זמן רב בלתי סוף ותכלית, ואל יעלה על דעתך כאשר עלה בדעת הרבה שנאבדו בידם באומרם כיון שמכיר אני בעצמי שאין בדעתי להבין ולהשכיל, איני עוסק בתורה, טועה הוא בדבר, שהרי הוא מחוייב לעשות מה שנצטוה לעשות, ואם יבין יבין, **שהרי והגית בו יומם ולילה כתיב** ולא כתיב ותבין בו, וכן תמצא בדברי התנא אם למדת תורה הרבה נותנין לך שכר הרבה, ואינו אומר אם הבנת הרבה, אלא למדת אמרו, ותשתדל להבין ואם תבין תבין, ואם לא שכר לימודך בידך, וכמאמר התנא לפום צערא אגרא, ומה גם שאמרו האדם איני לומד מפני שאיני מבין, **הוא פיתוי היצר**, יתמיד בלימודו וסוף הבינה לבא, שבראות קדוש ברוך הוא **חשקו בתורתו ודבקותו בה, פותח לו מעייני החכמה**, דכתיב - כי הוי"ה יתן חכמה מפיו דעת ותבונה. והנני מוסר לך דבר אשר תרדוף אחריה, ויהיה חיים לנפשך וענקים לגרגרותיך, **לעולם יהיה עיקר לימודך בדבר של תורה שליבך חפץ יותר**, אם בגמרא גמרא, ואם בדרוש דרוש, ואם ברמז רמז, **ואם בקבלה קבלה**, ורמז לדבר כי אם בתורת הוי"ה חפצו, כלומר תורת הוי"ה תלויה בדבר שליבו חפץ לעסוק, וכמו שמבאר האר"י זלה"ה בספר דרושי הנשמות והגלגולים פרק שלישי, וז"ל - יש בני אדם שכל חפצם ועסקם בפשטי התורה, ויש שעסקם בדרוש, ויש ברמז, ויש גם כן בגימטריות, **ויש בדרך האמת**, הכל כפי מה שעליו נתגלגל בפעם ההוא, כיון שהשלים פעם אחרת בשאר העניינים, אין צורך לו שבכל גלגול יעסוק בכולם, עד כאן לשונו. **ואל תביט ותשגיח לדברי המתנגדים על מה שחשקת לעסוק בתורה** בגמרא או בפשט או בדרוש וכו', באומרם לך למה אתה מוציא כל ימיך בפרט זה של תורה ולא בפרט זה, משום שעל מה שחשקת ללמוד, על דבר זה באת לעולם, ואם תשים דעתך לדבריהם, יכריחוך להתגלגל בזה העולם פעם אחרת ולעבור נפשך בחרב חדה של מלאך המות ולטעום טעם מיתה, ולכן לא תשמע לדברי המשחית נפשך, **כי דע שהשטן מתלבש באלו האנשים לדאוג ולהצטער ולהכאיב נפש הלומד ועוסק בתורה**, בחלק שֶׁאָתָה נפשו לעסוק, כדי להבדילו משם שלא ישלים נפשו, על מה שבא להשלימה, ולהכריחו גלגולים אחרים, וכשם שבדבר שחושק יותר האדם ללמוד, משם יבין שעל דבר זה נתגלגל להשלים, כך צריך האדם שידע שורש נשמתו ומהיכן נמשך ועל מה בא לתקן ולהשלים, כמו שאמר בזוהר שיר השירים על הגידה לי את שאהבה נפשי וכו'. **וכדי שיבין ירא באיזה מצוה תקיף יצרו יותר לבטלה יתחזק בה לקיימה, כי בוודאי על מצוה זו נתגלגל**, וכדי שלא ישלים חוקו מנגדו יצרו לבטלה להוציאו מן העולם בידיים ריקניות... ולכן לא תשמע לדברי רשעים אלו, אלא תשמע לדברי חיים.

חבר אני לכל אשר יראוך ולשמרי פקודיך. בסוף[11] עץ חיים מובא מספר כללים למהרח"ו,

---

ע"ח ח"ב דקי"ט ע"א.

וז"ל - להאר"י זלה"ה. הרמב"ן וחבריו ודברי ראשונים כמו רבי נחוניא בן הקנה לא הזכירו רק עשר ספירות, ולא גילו עניני פרצוף כלל. **ודע שהרמב"ן והראשונים היו יודעים בפרצוף**, אלא שדברו בהעלם גדול, לרוב הגלות שלא ניתן רשות לגלות, ולהתפשט האורות הגדולים, מאחר שגברו הקליפות, וכל זר לא יאכל קדש. **אמנם בעקבות משיחא כמו בדורינו זה התחילו האורות להתפשט להיות כבראשונה**, כמו שהיה בזמן העולם מתוקן ולהתתקן מעט. ומתחלה היו האורות סתומים, היה העולם מקולקל, וכל מה שנתקלקל נסתם בגלות, ולא היו משיגין אלא עשר ספירות בסתום, בסוד הנקודות, כל אחד כלול מעשר, ובעניין הפרצופים לא נתגלה להם כלל, לפי שמצאו בדברי הראשונים סתומים, ולא ידעו עומק הדברים, וחשבו שכך הוא ודברו בעשר ספירות כל אחד כלול מעשר ובחינות הרבה, ולפי שראיתי מי שחולק על דברים אלו לאמור שלא מצינו אלא עשר ספירות, ומהיכן יש לשלוט כח לאמור כמה פרצופים שנמצא יותר מעשר ספירות, ומספר רב והלא הראשונים כתבו בספר יצירה - עשר ולא תשע, עשר ולא י"א, לזה באתי לפתוח לך כחודא דמחטא, אולי תזכה להבין מקצת, וכולו לא תשורנו עין, וזהו. ובהקדמתו[12] הקדושה כותב הרב ז"ל - והנה אין בכל דור ודור שלא נמצאו בו אנשים יחידי סגולה ששרתה עליהם רוח הקודש, והיה אליהו הנביא ז"ל נגלה עליהם, **ומלמד אותם סתרי החכמה הזאת**, וכמו שנמצא כתוב בספרי המקובלים, גם בעל ספר הרקנטי כתב בפרשת נשא בפרשת ברכת כהנים..... ואנשי לבב שמעו לי, אל יהרסו אל הוי"ה, **לראות בספרי האחרונים הבנויים על פי השכל האנושי**, ושומע לי ישכון בטח ושאנן מפחד רעה. ולכן אני הכותב הצעיר חיים וויטאל, רציתי לזכות את הרבים **בהעלם נמרץ והמשכילים יבינו**, וקראתי שם החבור הזה על שמי **ספר עץ חיים**, וגם על שם החכמה הזאת העצומה, חכמת הזוהר, הנקרא עץ חיים, ולא עץ הדעת כנזכר לעיל, בעבור כי בחכמה הזאת טועמיה חיים זכו, ויזכו לארצות החיים הנצחיים, **ומעץ החיים הזה ממנו תאכל, ואכל וחי לעולם**. ואשכילך ואורך דרך זו תלך דע מן היום אשר מורי זלה"ה החל לגלות זאת החכמה, **לא זזה ידי מתוך ידי אפילו רגע אחד**, וכל אשר תמצא כתוב באיזה קונטריסים על שמו ז"ל, ויהיה מנגד מה שכתבתי בספר הזה, **טעות גמור הוא, כי לא הבינו דבריו, ואם יש בהם איזה תוספות שאינו חולק עם ספרינו זה, אל תשית לבך בקבע אליו, כי שום אחד מהשומעים את דברי קדשו, לא ירדו לעומק דבריו וכוונתו, ולא הבינום**, בלי שום ספק. ואם יעלה בדעתך לחשוב שתוכל לברור הטוב ולהניח הרע, אל בינתך אל תשען, כי אין הדברים האלו מסורים אל לב האדם כפי שכל אנושי, והסברא בהם סכנה עצומה, ויחשב בכלל קוצץ בנטיעות חס ושלום, לכן הזהרתיך ואל תסתכל בשום קונטרסים הנכתבים בשם מורי זלה"ה, זולתי במה שכתבנו לך בספר הזה, **ודי לך בהתראה זאת**, אלו הם דברי קודשו. ועלינו ללמוד

אך ורק בתורת מורינו חיים.

אני קראתיך כי תעניני אל הט אזנך לי שמע אמרתי. עוד כתב הרב ז"ל בהקדמתו תנאים כדי לזכות לחכמה הקדושה הזאת, וז"ל - אני הכותב משביע בשמו הגדול יתברך, לכל מי שיפלו הקונרטסים אלו לידו, שיקרא הקדמה זאת, ואם אותה נפשו לבוא בחדרת החכמה זאת, יקבל עליו לגמור ולקיים כל מה שאכתוב עליו ויעיד עליו יוצר בראשית, שלא יבוא אליו היזק בגופו ונפשו, ובכל אשר לו, ולא לאחרים. תחת רודפו טוב והבא לטהר ולקרב. **ראשית הכל יראת**

12

ע"ח ד"ד ע"ב.

הוי"ה, להשיג יראת העונש, כי יראת הרוממות, שהוא יראה הפנימית, לא ישיגוהו רק מתוך גדלות החכמה, ועיקר מגמתו בידיעה הזה יהיה לבער קוצים מן הכרם, כי לכן נקראים העוסקים בחכמה הזאת מחצדי חקלא. **ובודאי שיתעוררו הקליפות נגדו לפתותו ולהחטיאו, לכן יזהר שלא לבוא לידי חטא אפילו שוגג**, שלא יהיה להם שייכות בו, לכן צריך ליזהר מהקלות, כי הקדוש ברוך הוא מדרדק עם הצדיקים כחוט השערה, לכן צריך לפרוש עצמו מבשר וויין כל ימות השבוע, **וצריך הזהרת סור מרע ועשה טוב**, ובקש שלום. בקש שלום צריך להיות רודף שלום, ולא להקפיד בביתו על דבר קטן וגדול, וכל שכן שלא יכעוס ח"ו.

<u>וצריך להתרחק בתכלית הריחוק סור מרע.</u>

א. ליזהר בכל דקדוקי מצות, ואפילו בדברי חכמים, שהם בכלל לא תסור.

ב. לתקן המעוות קודם שיבא לעולם הבא.

ג. יזהר מהכעס, אפילו בשעה שמוכיח את בניו, לא יכעוס כלל ועיקר.

ד. גם צריך ליזהר מהגאוה, ובפרט בעניין הלכה, כי גדול כחה והגאוה, בזה עון פלילי.

ה. בכל צער שיבא לו, יפשפש במעשיו ויישוב אל הוי"ה.

ו. גם יטבול בעת הצורך לו.

ז. גם יקדש את עצמו בתשמיש המטה שלא יהנה.

ח. שלא יעבור כל לילה ויחשוב בכל לילה מה שעשה ביום, ויתודה.

ט. גם ימעט בעסקיו ואם אין לו פרנסה כי אם על ידי משא ומתן, יכין יום שלישי ויום רביעי, מחצי היום ואילך, ובכוונה שהוא לעבודת קונו.

י. כל דבור שאינו של מצוה והכרחי, יהיה זהיר ממנו, ואפילו דבר מצוה ימנע בשעת התפלה.

<u>ועשה טוב</u>

א. לקום בחצי הלילה, ולעשות הסדר בשק ואפר ובכי גדול, ובכוונה כל אשר יוציא בשפתיו. ואחר כך יעסוק בתורה כל זמן שיוכל להיות בלי שינה, ובלבד שחצי שעה קודם עלות השחר יתעורר לעסוק בתורה.

ב. ילך לבית הכנסת קודם עלות השחר, קודם חיוב טלית ותפילין, להיזהר שיהיה מעשרה ראשונים.

ג. קודם שיכנס, ישים אל לבו מצות עשה ואהבת לרעך כמוך, ואחר כך יכנס.

ד. להשלים רמז צדיק בכל יום. שהוא צ' אמנים, ד' קדושות, י' קדשים, ק' ברכות.

ה. שלא להסיח דעתו מהתפילין בעת התפילה, זולת בעת העמידה ועסק התורה.

ו. צריך שיהיה עוסק בתורה, מעוטף בטלית ותפילין.

ז. לכוין בתפלה הכוונות, כמו שנבאר בע"ה.

ח. שישים תמיד נגד עיניו שם בן ארבעה אותיות הוי"ה, ויזדעזע ממנו, כמו שכתוב - שויתי הוי"ה לנגדי תמיד.

ט. שיכוין בכל הברכות, בפרט בברכת הנהנין.

י. צריך שיהיה עמל בתורה פרד"ס, שנאמר או יחזיק במעוזי, ואל יחשוב שיגלו לו רזי התורה בהיותו ריק, כדכתיב - יהב חכמתא לחכימין, וצריך ליזהר שלא יוציא בשפתיו בחכמה זו, מה שלא שמע מאדם שראוי לסמוך עליו, וכאזהרת רשב"י וחבריו. השגת החכמה תנאי הראשון, צריך למעט דבורו, ולשתוק, כל מה שיוכל כדי שלא להוציא שיחה בטילה, כמאמר רז"ל -

סייג לחכמה שתיקה. גם תנאי אחר, על כל דבר תורה שלא תבינהו, תבכה עליו כל מה שתוכל. גם עלית הנשמה בלילה לעולם העליון, שלא תשוט בהבלי העולם, תלוי שתישן בבכיה. ומרת עצבות מגונה עד מאוד, ובפרט להשיג חכמה, והשגה אין לך דבר מונע השגה יותר מזה. גם בענין השגת האדם, אין לך דבר שמועיל כמו הטהרה והטבילה, שיהיה האדם טהור, בכל עת ומורי זלה"ה עם היות שהיה לו חולי השבר שהקור מזיק לו, עם כל זה לא היה מונע מלטבול בכל עת, עד כאן דבריו קודשו. ועלינו לקיים את בקשת הרב ז"ל את הבחינות של[13] סור מרע ועשה טוב, כדי לטפס בעץ החיים.

מרן הרש"ש מעיד[14] על עצמו, וז"ל - וראיתי מה שכתבו מעלת כבוד תורתם, על ענין עבודת הוי"ה שקצרתי במקום שהיה ראוי להרחיב מעט הדיבור, אמת הוא כי לכתחילה קצרתי בו, **יען ראיתי כמה מהנזק יצא ממה שכתבו בזה המקובלים שקדמו, כי רבים חללים הפילו, וחלול כבוד הוי"ה, וכבוד התורה. הוי"ה יכפר בעדם, כי כל דבריהם לא על פי התורה הם, ואינם מיוסדים על האמת, ומהם יצאו אבות, ומאבות תולדות הריסת יסודי התורה ח"ו, הוי"ה יכפר. וכל זה לא שלמדתי בדבריהם ח"ו**, אלא שפעם אחת הוכרחתי בעל כרחי לעיין בדף אחד שכתוב בו קצור מה שכתבו בענין זה, **וכמעט שקרעתי בגדי לראות דברים אשר לא כן על הוי"ה.** הוי"ה יכפר, וכבר מילתי אמורה להם, **כי עידי בשמים כי כל עסקי ולמודי, אינו רק בדברי האר"י זלה"ה, ותלמידו מהרח"ו ז"ל לבדם, ובלעדם אין לי עסק בשום ספר מספרי המקובלים ראשונים ואחרונים, ואפילו בדברי שאר תלמידי האר"י ז"ל לא למדתי, וכשיזדמן לפני דבר מדבריהם, אני מדלגו.** כי על כן איני כמזהיר, אלא כמזכיר, למען הוי"ה אל יהי לכם מגע יד בדבריהם, ובפרט בענין זה, השמרו לכם פן יפתה לבבכם, **אלא כל לימודם לא יהיה אלא בעץ חיים ובספר מבוא שערים ובשמונה שערים המפורסמים**, שכולם דברי אלהי"ם חיים. ואני קצרתי בענין זה כל מה שאפשר, כי יראתי פן יפלו אלו דפים ביד מי שעדיין לא למד דברי האר"י ז"ל כראוי, **ויחשידני שלמדתי בספרים אחרים, ולא כן הוא כאמור**, ולכן קצרתי בו, ופיזרתי בהקדמה, עד כאן דברי קודשו של מרן הרש"ש. ואנחנו תפילה שיתגלה משיח צדיקנו במהרה בימינו, ומלאה[15] הארץ דעה את הוי"ה כמים לים מכסים, דעת תורת החיים.

13

תהלים ל"ד ט"ו – סור מרע ועשה טוב בקש שלום ורדפהו.

14

נהר שלום דף ל"ד ע"א.

15

ישעיהו י"א ט' – לא ירעו ולא ישחיתו בכל הר קדשי כי מלאה הארץ דעה את הוי"ה כמים לים מכסים.

כתב רבינו גאון הקבלה רבי אליהו מני, רבו של הרי"ח הטוב, רבי יוסף חיים בעל הספר "בן איש חי", בספרו הקדוש **כסא אליהו** כי על הלומד ללמוד כל מאמר ומאמר ארבעה חמשה פעמים בלי המפרשים, וינסה להבין את המאמר בעצמו. ואחר כך ילך לראות אם כיוון לדעת המפרשים.

וכן אני הקטן מבקש בכל לשון של בקשה, ללמוד את הדרוש כמו שהוא מובא בספר עץ חיים, ארבעה חמישה פעמים, כדי לנסות להבין את הדרוש. וכל דרוש מובא בתחילת הספר במלואו.

אחר כך יכנס ללמוד את הדרוש עם ביאור הדברים, עוד ארבעה חמישה פעמים, ואחר כך יראה את המקורות להגהות, ודברי רבותינו הקדושים, עם התרשימים וטבלאות.

ואז יעלה ויצליח בלימוד תורת האר"י החה"י.

כתב רבינו **השד"ה** רבי שאול דוויק הכהן, בהקדמת ספרו איפה שלימה, על אוצרות חיים וז"ל - וכדי שיוכל לעלות לימודו למעלה, ריח ניחוח לה'. קודם כל לימוד ימסור עצמו על קדושת ה', כי זה מועיל מאוד, כמו שכתוב בשער הכוונות דף כ"ד ע"ב, כי עתה בזמנינו בעונותינו הרבים אין יכולת לעשות זווג כתיקונו למעלה, ולסיבה זו הקץ מתארך וכו'. אמנם עם כל זה יש קצת תיקון במה שנמסור נפשינו על קידוש ה' בכל הלב, כי על ידי כן אפילו אין בנו שום מעשים טובים, והרשענו עד להפליא. הנה על ידי מסירת נפשינו להריגה, מתכפרים עונותינו כולם, ויש בנו יכולת לעלות עד אימא עילאה, כמו שאמרו חז"ל - גדולה תשובה שמגעת עד כסא הכבוד, שנאמר - שובה ישראל עד ה' וכו', עד כאן דבריו.

וזה הסדר

יקבל עליו ארבע מיתות בית דין, מארבעה אותיות הוי"ה וארבעה אותיות אדנ"י, וליחדם על ידי ארבעה אותיות אהי"ה ועל ידי עסמ"ב

סקילה	י	**א**	יוד ה֯י ויו ה֯י ← וליחדם על ידי **א**
שרפה	ה	**ד**	יוד ה֯י ואו ה֯י ← וליחדם על ידי **ה**
הרג	ו	**נ**	יוד ה֯א ואו ה֯א ← וליחדם על ידי י
וחנק	ה	**י**	יוד ה֯ה וו ה֯ה ← וליחדם על ידי ה

לְשֵׁם יִחוּד

קֻדְשָׁא בְּרִיךְ הוּא וּשְׁכִינְתֵּה

יאהדונהי

בְּדְזִיכְלוֹ וּרְזִיִּמוּ   וּרְזִיִּמוּ וּדְזִיכְלוֹ

יאההויהה   איההיוהה

לְיַחֲדָא אוֹתִיּוֹת י"ה בּו"ה, בְּיִחוּדָא שְׁלִים

יְהֹו"ה

בְּשֵׁם כָּל יִשְׂרָאֵל, לְאָקְמָא שְׁכִינְתָּא מֵעַפְרָא, הָרֵינִי לוֹמֵד בַּסֵּפֶר
קַבָּלָה פְּלוֹנִי שֶׁהוּא כְּנֶגֶד תִּפְאֶרֶת דז"א בָּעוֹלָם הָאֲצִילוּת שֶׁבּוֹ
שֵׁם מ"ה כְּזֶה יוֹ"ד הֵ"א וָא"ו הֵ"א לַעֲשׂוֹת מֶרְכָּבָה. וִיהִי רָצוֹן
מִלְּפָנֶיךָ ה' אֱלֹהֵינוּ וֵאלֹהֵי אֲבוֹתֵינוּ שֶׁתְּזַכֵּךְ רוּחֵנוּ וּנְפָשֵׁינוּ שֶׁיִּהְיוּ
רְאוּיִם לְעוֹרֵר מֵיִן תַּתָּאִין עַל יְדֵי קְרִיאַת סֵפֶר הַקַּבָּלָה הַזֹּאת.
וִיהִי נֹעַם יהוה אֱלֹהֵינוּ עָלֵינוּ וּמַעֲשֵׂה יָדֵינוּ כּוֹנְנָה עָלֵינוּ וּמַעֲשֵׂה
יָדֵינוּ כּוֹנְנֵהוּ.

בָּרוּךְ ה' לְעוֹלָם אָמֵן וְאָמֵן, נָצַח, סֶלָה, וָעֶד.

<u>שער ב' ענף ב'</u>

אחר שנתבאר לך דרך כללות ענין י"ס בכל מקום שהם איך מתחלקים לכמה בחי' נתחיל לבאר בענף זה בחי' מדרגות העולמות אשר בתוך החלל הנ"ל וסדרן איך הם דע שהנה האורות ראשונים אשר נאצלו דרך קו הדק ועינור הנ"ל וכל בחי' מה שנאצלו בזה המקום החלל הם כמה אלפים ורבבות מיני עולמות ואין אנו עתה בביאורם שהזמן לא יספיק לפרט את כולם אמנם עתה נבאר פרט א' אשר הוא כולל את כל החלל הזה אשר ממנו מתפשטים כל העולם הנ"ל האחור הא' קודם לכל אשר נתפשט מן הא"ס הסובב את הכל הם י"ס אשר בחינת כללותם נקרא א"ק לכל הקדומים וענין א"ק זה נרמז ברמזים נעלמים בס"ה ובתיקונים ולרוב העלמתו וגלגול מעלתו לא שלחו בו יד להתעסקה בו בגלוי כי אם בהעלם נמרץ ולא הוזכר אלא בדרך רמז והעלם גדול ברוב מקומות ואנו נזכיר קלתם. הלא מהם הוא בספר התיקונים תי' י"ט דמ"י וז"ל מי הכי משתמודע דאית א"ק לכל הקדומים ובתיקון ע' דקל"ב משכחנא במתני' בסתרא. דסתרין טמירין דטמירין דאדם דבריאה דאיהו א"ק לכל הקדומים דאית אדם וכו' ובתיקון ע' דקי"ט וז"ל אמון מופלא רקם ומייר ליורא בהיכלא דא"ק לכל הקדומים דאית אדם ואית אדם וכו' ואל יעלה בדעתך שי"ס הנק' אלנו י"ס דאלילות הם יותר גבוהים ורלשונים במעלה מכל מה שנאצל כי כמה וכמה עולמות לאין קץ קדמו אליהם ולרוב העולמ לא הוזכרו בס"ה אלא ברמז נפלא כאשר עיניך תחזנה תחזנה מסרים ג' מאמירים הנ"ל וכאלה רבים כאשר כתבו כמה מאמרים רבים בסוף פ' פקודי דרכ"י ורס"ט ופ' נח דס"ה. וז"ל מר"ש מרימת ידי בללו לעילא דכד רעותא עילאה לעילא כו' ומרזא דמחשבה עילאה דלתתא כלהו מיקרו א"ס. גם בפ' בראשית דכ"ג ע"א והובא ג"כ בתיקונ' תיקון ע' דקל"ד וז"ל ת"ח כמה עלות אינון סתימין דאינון מתלבשין ומתרכבין בספירלאן כו' ואם תפקה עיני שכלך לדייק כל מלות ורמזים הנחמדים הנרמזים למבין במאמרים הנ"ל תפלא והשתומם בראלמותך כמה מדרגות על מדרגות לאין קץ ומספר קדמו לאלו י"ס הנקרא אלנו י"ס דאלילות והמעיין בחבורינו אלה אם יזכה יבחין וידע ויעמוד על תכונתם. גם בפרשת בראשית די"ט וז"ל וכלה אלטריך קב"ה למברי בעלמא ולתהנא עלמא בהו וכולהו מוחא מלגאו וכמה קליפין כו'. ובזה תבין מ"ש למעלה איך כל העולמות זה תוך זה וזה חופף לזה וח"ס סובב על כולם כנ"ל ולא אוכל להאריך בזה. ואחזור לבאר ענין הנ"ל הנה הי"ס הראשונים שנאצלו טרס כל הנאצלים הם י"ס הנקרא א"ק לכל הקדומים וי"ס אלו יש בהם י"ס כלים בלורת עגולים ובכל כלי מהם יש פנימיות וחילוניות והכל נקרא כלים כנ"ל בענף א' ובתוך כלי הנ"ל יש בו י' מורות פנימיות מתלבשים תוך י' כלים ועוד י' מורות אחרים מקיפים סביב י' עיגולי הכלים הנ"ל והכלי העליון הסובב על כל ט' כלים הוא הנקרא כתר דא"ק. וכלי הב' אשר בתוכו הסובב על הכלים הנשארים נק' חכמה דא"ק וכן עד"ז עד כלי העשירי הפנימיות שבכולם היא נקרא מלכות דא"ק וכולם בלורת עגולים זה בתוך זה כנ"ל והנה אלו הי"ס דעגולים דא"ק הם ממלאים כל מקום החלל הנ"ל שבתוך מלעות הא"ס כנזכר בענף א'. והנה הם מקיפים כל החלל הזה אמנם נשאר באמלע אלו העיגולים מקום חלל ופנוי לצורך שאר הנאצלים שהם ג"כ בלורת עיגולים זה בתוך זה והם בחי' אורות הנמשכים מן העינים דא"ק זה מבחי' היושר שבו שהוא כמראה אדם כמ"ש בעז"ה והם הנק' עולם הנקודים אשר גם בהם יש ליור עיגולים זה בתוך זה וכולם עומדים תוך אלו י' עיגולים דא"ק. באופן שי' עיגולים דא"ק הם מתעגלים ומקיפים וסובבים כל שאר עיגולים אשר בכל העולמות וכל שאר העיגולים הם מוקפים תוך אלו כי כל עיגול המשובח מחבירו הוא מקיף את חבירו וסובב מותו והיותר תחתון במעלה מחבירו הוא יותר פנימי והוא מסובב מחבירו עד שנמלא עד היותר פנימי מכולם הוא גרוע מכולם והם בחי' הרקיעים והגלגלים של עולם העשיה שהם י' גלגלי הרקיע הנזכר בהקדמת התיקו' והם נקראים מופנים אשר הם הרקיעים הסובבים עלינו בעולם השפל ובעולם החומרי הזה. ומבואר הוא שמאחר שהם יותר פנימים ותוכניים שבכל העיגולים א"כ פשוט הוא שיהיו

יותר תחתונים מהם כגלגלי בצללים זה בזה שהגלגל החיצון העליון מכולם הוא יותר גדול ועד"ז הם נכללים ומתלבשים זה בתוך זה. ובענין הי' עיגולים דעולם הנקודים יתבאר בע"ה ענין דרוש העיגולים בפרטות ובמקום הזה לא נוכל לבאר בפרטות רק בכללות ובקיצור גדול ועז"ש. ומחר שילאו י' עיגולי מ"ק הזה שהם בחי' נפש שבו עוד נתגלו וילאו בא"ק זה י"ס שהם בחי' י"ס אחרות ביושר בציור אדם בעל רמ"ח איברים בראש וזרועות ושוקיים כו' והם בחי' רוח שבו והוא נמשך ונתפשט ביושר מלמעלה למטה מראש גג העליון של עיגול עליון שבכל י' עיגולים עד קרוב אל סיום תחתית י' עיגולים אלו שלו.

עָנָף ב'

דרוש זה מקורו מספר אדם ישר וצריך לכתוב מ"ב בראש הדרוש.

אזור שֶׁנִּתְבָּאֵר לְךָ דֶּרֶךְ כְּלָלוּת, עִנְיַן י"ס בְּכָל מָקוֹם, שֶׁהֵם אֵיךְ מִתְחַלְקִים לְכַמָּה בְחַי', נִתְחַזֵיל לְבָאֵר בְּעָנָף זֶה בְּחִינַת מַדְרֵגוֹת הָעוֹלָמוֹת, אֲשֶׁר בְּתוֹךְ הֶחָלָל הַנַּ"ל, וְסִדְרָן אֵיךְ הֵם, דַּע שֶׁהִנֵּה הָאוֹרוֹת רִאשׁוֹנִים שֶׁהוּא אוֹר הָא"ס **אֲשֶׁר נָאֶצְלוּ** וְהִתְפַּשֵּׁט דֶּרֶךְ קַו הַדַּק וְצִינּוֹר הַנַּ"ל[16], וְכָל בְּחִינַת מַה שֶׁנֶּאֶצְלוּ בְּזֶה הַמָּקוֹם הֶחָלָל הַזֶּה, הֵם בפרטות כַּמָּה אֲלָפִים וּרְבָבוֹת מִינֵי עוֹלָמוֹת וּבִכְלָלוּתָם הֵם א"ק וְאבי"ע, וְאֵין אָנוּ עַתָּה בְּבִיאוּרָם, שֶׁהֵזְמַן לֹא יַסְפִּיק לְפָרֵט אֶת כּוּלָם, אָמְנָם עַתָּה נְבָאֵר פְּרָט אָזוֹד אֲשֶׁר הוּא כּוֹלֵל אֶת כָּל הֶחָלָל הַזֶּה וּמְמַלֵּא אֶת רוֹב מְקוֹם הֶחָלָל, **אֲשֶׁר מִמֶּנּוּ מִתְפַּשְּׁטִים כָּל הָעוֹלָם** צ"ל הָעוֹלָמוֹת הַנַּ"ל, הָאוֹר הָאָזוֹד קוֹדֶם לַכֹּל, אֲשֶׁר נִתְפַּשֵּׁט מִן הָא"ס הַסּוֹבֵב אֶת הַכֹּל, הֵם י"ס דא"ק אֲשֶׁר בְּחִינַת כְּלָלוּתָם[17] נִקְרָא עולם א"ק לְכָל הַקְּדוּמִים. וְעִנְיַן א"ק זֶה, נִרְמְזוּ בִּרְמָזִים נֶעְלָמִים בְּסֵפֶר הַזֹּהַר, וּבַתִּקּוּנִים, וּלְרוֹב הֶעְלֵמָתוּ, וְלַגּוֹדֶל מַעֲלָתוֹ, לֹא שְׁלָזוּ בּוֹ יָד רשב"י וַחֲבֵרָיו לְהִתְעַסֵּק בּוֹ בְּגָלוּי, כִּי אִם בְּהֶעְלֵם נָמְרָץ, וְלֹא הוּזְכַּר אֶלָּא בְּדֶרֶךְ רֶמֶז גָּדוֹל, וְהֶעֱלֵם בְּרוֹב מְקוֹמוֹת, וְאָנוּ נַזְכִּיר קְצָתָם[18]. הֵלֹא אָזוֹד מֵהֶם הוּא בְּסֵפֶר הַתִּיקּוּנִים תִּיקּוּן י"ט דְמ"ה צ"ל דמ"ב ע"א, וז"ל[19] **אִי הָכִי אִשְׁתְּמוֹדָע דְאִית** שֶׁיֵּשׁ א"ק לְכָל הַקְּדוּמִים

---

[16]

כמו שלמדנו, שיש קו שנקרא צינור, והוא כלי בערך האור המתפשט דרכו.

[17]

לפי פשט דברי הרב ז"ל כאן, הרב ז"ל לא מחלק בסוגיה זאת בין העיגולים ליושר.

[18]

לכל ספר עץ חיים יש מקורות בזהר הקדוש, יוצא מזה שחייב להיות מקורות לעולמות א"ק בספר הזהר, ואפילו שבזהר ובתיקונים מוזכר א"ק בהעלם נמרץ, מכל מקום הרב ז"ל מביא מקורות לא"ק מהזהר והתיקונים.

[19]

תקוני זהר, תיקון י"ט דמ"ב ע"א עם תרגום והסבר - **אמר ליה** רבי אלעזר לרבי שמעון, **אי הכי אם כן, אשתמודע דאית אדם קדמון לכל קדמונים** נודע מזה שיש אדם קדמון לכל הקדומים, שהוא מעל פרצופי א"א ועתיק, **ואית אדם אחרא** שהוא כללות עולם האצילות, **אמר ליה** רבי שמעון לרבי אלעזר, **ברי הכי הוא ודאי** כך הוא ודאי שיש עולם למעלה מעולם מעולם האצילות, **אדם דברא ליה עלת העלות** ועולם האצילות נברא על ידו, על ידי א"ק, **בדיוקנא דיליה** בצורה שלו, שהוא צורת א"ק, כי א"ק הוא בחינת קוץ של יו"ד ועולם האצילות היא בחינת י' שבשם הוי'ה.

אדם קדמון לכל הקדומים. **ובתיקון ע' דקל"ב** צ"ל קל"ג ע"א[20] **אשכחנא במתניתא** מצאתי

בברייתות **בסתרא דסתרין** בסתרי הסודות, **טמירא דטמירין** הטמונים שבטמונים, **דאדם**

דבריאה[21] שהוא אדם דבריאה **דאיהו א"ק** ונקרא אדם קדמון **לכל הקדומים** לכל העולמות

שנאצלו אחריו **דאית אדם** יש אדם ויש אדם **וכו'. ובתיקון ע' דקי"ט** צ"ל דק"כ ע"א וז"ל,[22]

אמון מופלא אומן מופלא, **רקם וצייר ציורא** רקם וצייר ציורים, **בהיכלא דא"ק לכל**

הקדומים בהיכל דאדם קדמון לכל קדומים, **דאית אדם ואית אדם** יש אדם ויש אדם **וכו'.**

ואל יעלה בדעתך שי"ס הנקאים אצלינו י"ס דאצילות, הם יותר גבוהים

וראשונים במעלה מכל מה שנאצל והם יותר גבוהים מא"ק, כי כמה וכמה

עולמות יש אפילו מעל א"ק **לאין קץ קדמו אליהם** ואל עולמות שלמעלה מא"ק, ולרוב

20

תיקוני זהר, תיקון ע' דקל"ג ע"א עם תרגום והסבר – אמר רבי שמעון לרבי אלעזר **וברי** ובני יקירי,
אשכחנא במתניתין מצאתי בסודות של הברייתות)כמו שמשה רבינו ע"ה קיבל מסיני משניות וברייתות שהם
תורה שבעל פה, ועל המשניות והברייתות מבוסס התלמוד, כך קיבל משה רבינו ע"ה משניות וברייתות
שעוסקות בסודות התורה, ועליהם מבוסס הזהר הקדוש(**ברזא דשרטוטין וציורין וגוונין** בסודות של שרטוטי
המצח, וציורים של אברי הגוף, וצבע העיניים והפנים, **בסתרא דרזין** בסתרי הסודות, **טמירא דטמירין**
הטמונים שבטמונים, **דאדם דבריאה** של אדם דבריאה, שהוא א"ק ביחס לקו הא"ס שנקרא אצילות, **דאיהו**
קדמון שהוא קדמון לאצילות ולבריאה **ולכל קדומים** שהם יצירה ועשיה.

21

איך א"ק נקרא אדם דבריאה, הרי הוא מעל עולם האצילות. הרב ז"ל כותב כי בערך הא"ס, שהוא אצילות,
א"ק נקרא בריאה.
ע"ח ש"ג פ"א דט"ו ע"ד - ראשונה כל הא"ס ב"ה מקיף את כל העולמות, וגם הוא מוקף מהם, ומתלבש
בתוכם עד סוף עולם האצילות, ואינו נוגע ודבוק זולתי בעולם אצילות לבד, ולא בבי"ע, ולכן משם ולמטה
ישתנה מהותם ויקראו בי"ע. אך בחינת המקיף דבוק ונוגע בכל הד' אבי"ע, ותחלה משתלשל ממנו באמצעותו
א"ק, הנזכר בתיקונים תיקון ע' דקל"ב. ובבחינת **היותו שניות לא"ס נקרא אדם דבריאה,** עם שהוא קודם
אצילות.

22

תיקוני זהר, תיקון ע' דק"כ ע"א עם תרגום והסבר – **א'** רומזת היא סוד הכתר הרומזת על **אמון** שהוא א"ק,
והוא כתר כולל של כללות העולמות, וא"ק הוא האומן שתיקון את כל העולמות והפרצופים, כאשר בתחילה הוא
תיקן את פרצוף עתיק ואריך דאצילות, **מופלא** א"ק הוא מופלא ומתלבש בתוך כל העולמות והפרצופים, **רקם**
וצייר ציורא רקם וצייר ציורי הספירות של עתיק ואריך, **בהיכלא דאדם קדמאה דכל קדומים** היכל של אדם
קדמון לכול קדומים, כלומר הארת שבע תחתונות דמלכות דא"ק מתלבשת תוך עתיק יומין, ומלכות נקראת
היכל. **דאית אדם ואית אדם** יש אדם ויש אדם, **אית אדם** יש שם אדם בכל ספירה,
דלית ספירה דלא אתקריאת אדם ואין ספירה שלא נקראת אדם, **אבל אדם קדמאה עלאה דכלהו** אבל אדם
קדמון שהוא העולם הראשון והעליון שברא הא"ס ב"ה, נקרא **כתר עליון** הוא הכתר העליון של כללות
העולמות, ונרמז בקוץ של יו"ד דהוי"ה, **סתים וטמיר** סתום וטמון בתוך ע"י דאצילות, והם מלבישים אותו
מהטבור שלו ולמטה, **סתים דכל סתימין** והוא סתום מכל הסתומים, כי ע"י וא"א סתומים הם תוך או"א וזו"ן,
עלת העלות הוא סיבת הסיבות של כללות העולמות, ועל ידו פועל הא"ס בעולמות, **קדמון לכל קדומים**
קדמון לכל הקדומים שהם אבי"ע **בגין האי אדם קדמון** בגלל שהוא אדם קדמון **אתמר בעלת העלות** נאמר בעילת
העילות,)**משלי ח' ה'**(**ואהיה אצלו אמון** אני)הא"ס(נתגדלתי ע"י א"ק, והוא האומן שלי לאצילות
העולמות.
כלל – מלכות נקראת היכל.

הָעוֹלָמִם לֹא הוּזְכְּרוּ בְּסֵפֶר הַזֹּהַר, אֶלָּא בְּרֶמֶז נִפְלָא, כַּאֲשֶׁר עֵינֶיךָ תֶחֱזֶינָה מֵישָׁרִים ג' מַאֲמָרִים הַנַּ"ל, וְכָאֵלֶּה רַבִּים כַּאֲשֶׁר כָּתְבוּ כַּמָּה מַאֲמָרִים רַבִּים, בְּסוֹף פָּרָשַׁת פְּקוּדֵי דַרכ"ו ע"א[23], וְרס"ט ע"ב[24] דרס"ח צ"ל ‏ וּפָרָשַׁת נֹח

23

זהר פקודי דרכ"ו ע"א וזה לשונו בתרגום והסבר – **באלין קיימין כל רזי מהימנותא** באלו כלומר בעולמות א"ק ובעולמות שמעל א"ק, נמצאים כל סודות האמונה, כי בהם מתלבש אור הא"ס ב"ה, **וכל אינון נהורין** כל אותם האורות, **מרזא דמחשבה עלאה** מסוד המחשבה העליונה, **כלהו אקרון אין סוף** כולם נקראים בהשאלה א"ס ביחס לעולמות והפרצופים שתחתיהם, **עד הכא מטון נהורין** עד כתר דאצילות)ביותר פרטות עד ג"ר דעתיק(מגיע אור הא"ס ב"ה בהעלם גדול, **ולא מטון** וזה נחשב כאילו לא הגיע אור הא"ס אליהם, **ולא אתיידעו** לא נודע מהות האור הא"ס, **לאו הכא מחשבה ולאו רעותא** כי אין השגה של התחתונים לא במחשבה ולא ברצון של הא"ס, כי הם לא יכולים להשיג ולהוריד באור היורד אליהם.

24

זהר פקודי דרס"ח ע"ב וזה לשונו בתרגום והסבר –)מאמר זה עמוק, עמוק, ויש פרטים ומוסגים שהרב ז"ל ידרוש אותם בשערים הבאים של ע"ח(**אמר רבי שמעון, אֲרִימִית יְדַי בִּצְלוֹתִין לְעֵילָא** הרימותי ידי למעלה בתפילה, רשב"י התפלל שגלוי הסודות יהיה מקובל לפני הקדוש ברוך הוא, **דְכַר רְעוּתָא עִלָּאָה לְעֵילָא** שכאשר הרצון העליון למעלה למעלה, שהוא רצון הא"ס שהוא למעלה מא"ק, **קַיְּימָא עַל הַהוּא רְעוּתָא דְלָא אִתְיְדַע וְלָא אִתְפַּס כְּלַל לְעָלְמִין** הוא עומד על אותו רצון שלא נודע ולא נתפס כלל לעולם, כלומר הא"ס ב"ה האציל את א"ק הנקרא ג"כ רצון שלא נודע, ושלא מושג, ולא נתפס, אפילו ע"י עתיק, וכל שכן ע"י הפרצופים היותר תחתונים, **רֵישָׁא דְּסָתִים יַתִּיר לְעֵילָא** א"ק הוא ראש של כל האצילות, **וְהַהוּא רֵישָׁא אָפִיק מַאי דְּאָפִיק וְלָא יְדִיעַ** וא"ק הוציא והאציל מה שהאציל, ולא נודע מה הוא האציל, כלומר א"ק האציל את הרדל"א שהם ג"ר דעתיק, כלומר הרדל"א לא מושגות לתחתונים **וְנָהִיר מַאי דְּנָהִיר** א"ק האיר מה שהאיר, והאציל את א"א, **וְכָלָּא בְּסָתִימוּ** ר"ל א"ק, ועתיק, וא"א כולם סתומים בעולמות ובפרצופים היותר תחתונים מהם. **רָעוּ דְמַחֲשָׁבָה עִלָּאָה וְלָאתְנַהֲרָא מִנֵּיה** רצון המחשבה העליונה של הרדל"א דעתיק לרדוף אחרי א"ק כדי לקבל הארה ממנו, והדרך שמקבל עתיק הארה מא"ק היא שכאשר הרצון העליון למעלה למעלה, **חַד פְּרִיסוּ אִתְפְּרַס** נפרס מסך באמצע גופו של א"ק, ומתחת המסך הזה מתחיל הרדל"א דעתיק, **וּמִגּוֹ הַהוּא פְרִיסָא** ומתוך המסך הזה של א"ק, **בְּרָדִיפוּ דְּהַהִיא מַחֲשָׁבָה עִלָּאָה** על ידי רדיפת המחשבה דרדל"א שרוצה להשיג ולקבל הארה מא"ק, אבל באמת לא מגיע עד המסך, **מָטֵי וְלָא מָטֵי עַד הַהִיא פְרִיסָא** מגיע ולא מגיע עד אותו מסך, כי הרדל"א עולה לקבל הארה מא"ק, אבל באמת לא מגיע עד המסך, **נָהִיר מַה דְּנָהִיר** האיר מה שהאיר, כלומר עתיק קיבל הארה מועטת כפי כמה שהוא ראוי, **וְכַדֵין הַהוּא מַחֲשָׁבָה עִלָּאָה** ואז קבלה המחשבה העליונה של עתיק הארה מועטת מא"ק, **נָהִיר בִּנְהִירוּ סָתִים דְּלָא יְדִיעַ** היה העתיק מאיר בנוקבא דעתיק באור סתום שאינו ידוע, על ידי הארת היסוד והעטרה דא"ק הסתומים בתוך העתיק, ולא נודע גודל הארת הא"ק בעתיק, **וְהַאי מַחֲשָׁבָה לָא יְדַע** והמחשבה של עתיק עצמה לא יודעת ולא משיגה את גודל האור של היסוד והעטרה דא"ק, **כְּדֵין בָּטַשׁ הַאי נְהִירוּ דְמַחֲשָׁבָה דְּלָא אִתְיְדַע** אחרי תיקון עתיק ונוקבא דעתיק, אז הכה אור ההוא של א"א שנתקן מהארת הרדל"א דעתיק שהיא סוד המחשבה שלא נודעת מהותה, **בִּנְהִירוּ דִּפְרִיסָא דְּקַיְּימָא**)כמו שיש לא"ק מסך באמצע גופו כך לעתיק ולכל שאר הפרצופים(קיבל א"א הארה גדולה מרדל"א דעתיק, ונתקן מוחא סתימאה של א"א, **וְכַדֵין דָּא נְהִירוּ דְמַחֲשָׁבָה דְּלָא אִתְיְדַע** ואז אור א"א נתקן מהארת הרדל"א שנקרא מחשבה שלא נודעת מהותה, **בָּטַשׁ בִּנְהִירוּ דִּפְרִיסָא** הכה בהארת המסך שעומד באמצע גוף עתיק, **וְנָהִיר כְּחַד** האירו כחד פרצופי עתיק וא"א ביחד, כי ז"ת דעתיק מתלבשים בכל א"א, ואז א"א נתקן כראוי **וְאִתְעֲבִידוּ תִּשְׁעָה הֵיכָלִין** נעשו ונתקנו התשע ספירות דא"א הנקראות היכלות, כי הם היכלות לז"ת דעתיק יומין, **וְהֵיכָלִין לָאו אִינּוּן נְהוֹרִין** היכלות אלו לא מאירים בבחינת אור הנפש, **וְלָאו אִינּוּן רוּחִין** ולא בבחינת אור הרוח, **וְלָאו אִינּוּן נִשְׁמָתִין** ולא בבחינת אור הנשמה, **וְלָא אִית מַאן דְּקַיְּימָא בְּהוּ** ואין מי שעומד עליה לדעת אם הם בחינת אור החיה, לפי שהם בחינת אור היחידה, **רְעוּתָא דְכָל תֵּשַׁע נְהוֹרִין** הרצון של כל תשע ספירות דא"א, **קַיְּימֵי כֻּלְּהוּ בְּמַחֲשָׁבָה** כולם קימים בכח המחשבה של עתיק, המתלבשת בהם, **דְּאִיהִי חַד מִנֵּיהּ בְּחוּשְׁבְּנָא** כאשר עתיק יומין מתלבש בא"א, הרי הוא בחשבון י"ס דא"א, **כֻּלְּהוּ לְמִרְדַּף אֲבַתְרַיְיהוּ** התשע

דס"ה ע"א[25]**. וז"ל אר"ש** אמר רבי שמעון, **אריכת ידי בצלו לעילא** הרימותי ידי למעלה בתפילה, **דכד רעותא עילאה לעילא** שכאשר הרצון העליון למעלה למעלה, **כו', ומרזא דמחשבה עילאה** מסוד המחשבה העליונה, **דלתתא** והתחתונה,[26] צ"ל דלעילא, **כלהו איקרו א"ס** כולם נקראים א"ס[27]**. גם בפרשת בראשית דכ"ג ע"א[28], והובא גם כן

ספירות דא"א כל רצונם לרדוף ולהשיג את המחשבה דעתיק, **בשעתא דקיימי במחשבה** בשעה שא"א עומד ביחד עם המחשבה דעתיק, **ולא מתדבקן ולא אתיידיעו** אין א"א משיג את עתיק ועתיק לא נודע לא"א. **ואלין הרדל"א** דעתיק **לא קיימי לא ברעותא** לא מתלבשות בכתר דא"א, הנקרא רצון, **ולא במחשבה עלאה** ולא במחשבה העליונה העליונה דא"א, הנקראת מוחא סתימאה, **תפסין בא** תופסים מעט מהארת הרדל"א, **ולא תפסין** ולא תופסים כלומר לא משיגים את הרדל"א דעתיק קיימים כל סודות האמונה, **וכל איבון נהורין** כל אותם האורות, **מרזא דמחשבה עלאה** מסוד המחשבה העליונה, שהוא הרדל"א, ומה שלמעלה מהרדל"א דעתיק, **כלהו אתקרון א"ס** כולם נקראים הא"ס, **עד הכא מטון נהורין** עד הרדל"א דעתיק מגיעים אורות הא"ס בהעלם גדול, **ולא מטון** וזה נחשב כאילו לא הגיעו, **ולא אתיידיעו** לא נודע מהותם של אורות אלו, **לאו הכא רעותא ולא מחשבה** אין השגה אין הרצון דא"א, שהוא הכתר, ולא במחשבה שהיא מוחא סתימאה דא"א, ברדל"א דעתיק.

25

זהר נח דס"ה ע"א וזה לשונו בתרגום והסבר – צריך לדעת כי מאמר זה בזהר הוא עמוק עמוק, ואין ביד אדם לפרש אותו כראוי, וכדי להתבונן ולהבין מאמר זה, צריך ללמוד כל סדר המדרגות המפורשים בעץ חיים, מהתחלה עד סוף דרושי א"א, כי אלפים ורבבות של מדרגות על גבי מדרגות נרמזים במאמר זה. **אמר רבי שמעון, אריכת ידאי בצלותין לעילא** הרימותי ידי למעלה בתפילה, רשב"י התפלל שגלוי הסודות יהיה מקובל לפני הקדוש ברוך הוא, **דכר רעותא עלאה לעילא** שכאשר הרצון העליון למעלה למעלה, שהוא רצון הא"ס ב"ה, שהוא למעלה מא"ק, **קיימא על ההוא רעותא דלא אתידע ולא אתפס כלל לעלמין** הוא עומד על אותו רצון שלא נודע ולא נתפס כלל לעולם, כלומר הא"ס ב"ה האציל את א"ק הנקרא ג"כ רצון שלא נודע, ושלא מוסג, ולא נתפס, אפילו ע"י עתיק)ועתיק הוא הארת ז"ת דמלגות דא"ק(, וכל שכן ע"י הפרצופים היותר תחתונים, **רישא דסתים יתיר לעילא** א"ק הוא ראש של כל האצילות, **וההוא רישא אפיק מאי דאפיק ולא ידיע** וא"ק הוציא והאציל מה שהאציל, ולא נודע מהו, **ונהיר מאי דנהיר** א"ק האיר מה שהאיר, **וכלא בסתימו** וכולם סתומים.

26

הגר"א – צ"ל דלעילאה

27

העולמות שמעל האצילות ובכללותם א"ק, נקראים א"ס, וכל זה ביחס לעולמות היותר תחתונים מהם. **ע"ח שי"ג פ"ב מ"ת ד"ס ע"ב** - הנה המאציל העליון אשר האציל עולם אצילות, הוא הנקרא בשם א"ס, לרוב העלמו עמוק עמוק מי ימצאנו, ואל מציאות הא"ס הוא הנקרא באדרא זוטא בשם עתיקא דכל עתיקין, והענין הוא כי טרם התלבשותו אין מי שישיגנו כלל ועיקר, ולכן כדי שיהיה אפשרות בתחתונים לקבל קצת הארה ממנו, נתלבש ונגנז בספירת הכתר, כנזכר בספר הזהר ובתיקונים, דאמר דא"ס טמיר וגניז גו כתרא עלאה, ואחר התלבשותו בו, יש כח בתחתונים לקבל קצת הארה ממנו, ואמנם כאשר הא"ס מתלבש במה שלמטה הימנו כנ"ל, הנה הוא מתלבש בג' ריישין אלו הנזכר כאן באדרא, ובהיותו מתלבש ומתעלם בתוכם, אז נקרא הא"ס עתיקא דכל עתיקין, וגם הג' ריישין עלאין עצמן נקרא עתיקא קדישא, גם כן בהיות א"ס מתלבש בתוכם, וז"ש אח"כ האי ע"י אשתכח בג' ריישין, ופירוש אשתכח ר"ל שהוא נמצא לנו ונגלה אלינו, בהיותו מתלבש גו אלו תלת רישין הנ"ל, שאם לא היה מתלבש לא היה נמצא ונגלה אל התחתונים, ונמצא כפי זה כי עיקר שם א"ק **הוא הא"ס עצמו, שהוא מטבורא דא"ק ולמטה.**

28

זהר בראשית דכ"ג ע"א וזה לשונו בתרגום והסבר – **תא חזי בא תראה, כמה עלות אינון סתמין**, כמה ספירות שהם עלות לספירות שתחתיהם הם סתומים, **דאנון מתלבשין ואינון מורכבין** שהם מתלבשים

בַּתִּיקוּנִים, תִּיקוּן ע' דְּקָל"ד צ"ל דקל"ה ע"ב[29], **וַזַ"ל תַּ"ז** בוא וראה, **כַּמָּה עֲלוֹת אִינוּן סְתִימִין** כמה אורות סתומים **דְּאִינוּן מִתְלַבְּשִׁין וּמִתְרַכְּבִין בַּסְפִּירָאן** שהם מתלבשים ומרכבים בספירות שתחתיהם. **כו', וְאִם תְּפַקַּח עֵינֵי שִׂכְלְךָ, לְדַיֵּק כָּל מִלּוֹת, וּרְמָזִים הַנִּלְמָדִים, הַנִּרְמָזִים לַמֵּבִין**[30] **בַּמַאֲמָרִים הַנַּ"ל** כי כל מילה ומילה היא מלאה תורה, **תִּפְלָא וְתִשְׁתּוֹמַם בִּרְאוֹתְךָ כַּמָּה מַדְרֵגוֹת עַל מַדְרֵגוֹת, לְאֵין קֵץ וּמִסְפָּר קָדְמוּ לְאֵלוּ י"ס, הַנִּקְרָא אֶצְלֵנוּ י"ס דַּאֲצִילוּת, וְהַמְּעַיֵּין בְּחִבּוּרֵינוּ אֵלֶּה, אִם יִזְכֶּה יַבְזְזִין, וְיִדַע, וְיַעֲמוֹד, עַל תְּכוּנָתָם**[31]. **גַּם בְּפָרָשַׁת בְּרֵאשִׁית** בזהר די"ט ע"ב, **וַזַ"ל**[32], **וְכַלָּא אִצְטְרִיךְ קָבַּ"ה לְמִבְרֵי בְּעָלְמָא** הכל היה צריך הקדוש ברוך הוא

ומורכבים בספירות שתחתיהם, כנשמה בתוך הגוף, הזהר נקט בשלושה לשונות שהם סתמין, מתלבשים, מורכבין, כנגד שלוש כלים של הפרצוף העליון המתלבש בתחתון. **וספירין מרכבה לגבייהו** והספירות התחתונות הם מרכבה לספירות העליונות, ואין מחשבת בני אדם יכולה לתפוס אותם, **דאינון טמירין ממחשבתא דבני נשא** ספירות אלו טמירות, ועליהו נאמר **ועלייהו אתמר כי גבוהה מעל גבוהה שומר, וגומר** עליהם נאמר (קהלת ה' ז') גבוהה מעל גבוהה שומר, כלומר יש הרבה מדרגות על גבי מדרגות, וספירות על גבי ספירות, **נהורין מצוחצחין אלין על אלין** אורות מצוחצחים אלו על גבי אלו, **ואלין** התחתונים, **דמקבלין** שמקבלים שפע מהעליונים, **אנון חשוכים מאחרנין דעלייהו** הם נחשבים חשך כנגד העליונים, **דמקבלין מניייהו** והתחתונים מקבלים את השפע שלהם מהם, **ועלת על כל העלות** שהוא א"ק **לית נהורא קיימא קמיה** אין אחד שיכול לקבל ממנו, **דכל נהורין מתחשכן קמיה** כל המאורות אינם יכולים לסבול את אורו הגדול, אלא על ידי צמצומים רבים ומסכים.

29

תקוני הזהר תקון ע' דקל"ה ע"ב וזה לשונו בתרגום והסבר – **תא חזי** בא וראה, **כמה עלות סתימין** כמה אורות סתומים **דאינון מתלבשין ואנון מרכבין בספירן** שהם מתלבשים ומרכבים בספירות שתחתיהם, **וספירן מרכבה לגבייהו** והספירות הם מרכבה אל האורות, **דאינון טמירין ממחשבות בני אדם** האורות האלו הם נסתרים, ולא מושגים למחשבות בני האדם.

30

גמרא מגילה דכ"ד ע"ב – אמרו לו לרבי יהודה, הרבה צפו לדרוש במרכבה, ולא ראו אותה מימיהם, ורבי יהודה התם, באבנתא דליבא תליא מילתא (בהבנת הלב תלוי הדבר).

31

צריך ללמוד את כל ההקדמות של ספר עץ חיים, כדי שאולי האדם יעמוד ויבין את מאמרי הזהר.

32

זהר בראשית די"ט ע"ב עם תרגום והסבר – **וכלא אצטריך קודשא בריך הוא למברי בעלמא** הכל צריך הקדוש ברוך הוא לבראו בעולם, גם את הקליפות שהם לצורך גבוה, **ולאתקנא עלמא בהו** לתקן את העולם בהם, כי על ידי הקליפות, יש בחירה בין טוב לרע, ויש שכר ועונש, שהוא תכלית כוונת הבריאה. הקליפה היא בחוץ **וכלא מוחא לגו** והמוח, שהוא הקדושה בפנים, **וכמה קליפין חפיא למוחא** כמה קליפות ומכסות על המוח, **וכל עלמא כהאי גוונא עילא ותתא** וכל העולמות בצורה זאת, מלמעלה עד למטה, **מריש רזא דנקודה עלאה** מראש הנקודה העליונה, **עד סופא דכל דרגין כלהו** עד סוף כל הדרגות, שהם הקליפות, כאשר הקדושה יותר פנימית ביחס למה שחופף עליה, והחופף נקרא קליפה ביחס לפנימי, **איהו דא לבושא לדא, ודא לדא** זה זה לבוש לזה, וזה לזה, **דא מוחא לגו מוחא** זה מוח בתוך מוח, **מוחא דא לגו מן דא** מוח זה מוח זה בתוך זה, **ודא לגו מן דא** וזה בתוך זה, **עד דאשתכח דהאי קליפה להאי והאי** עד שנמצא שהמדרגה התחתונה היא קליפה למדרגה שהיא מעליה.

לברוא בעולם, **ולתקנא עלמא בהו** ולתקן בה את העולם בהם, **וכולהו מוזא מלגאו** שבכל דבר המוח בתוכו, **וכמה קליפין** וכמה קליפות **כו'**. ובזה תבין מה שכתוב למעלה, איך כל העולמות זה תוך זה, וזה זווגף לזה, ואע"ס סובב על כולם כנ"ל, ולא אוכל להאריך בזה[33]. ואזוזור לבאר ענין הנ"ל, הנה הי"ס הראשונים שנאצלו, טרם כל הנאצלים, הם י"ס של הנקרא א"ק לכל הקדומים[34], וי"ס אלו יש בהם י"ס כלים דא"ק, בצורת עגולים, ובכל כלי מהם יש כלי בפנימיות, וכלי ובחיצוניות, והכל נקרא כלים דא"ק[35], כנ"ל בענף א', ובתוך

ע"ח ש"ג פ"ב דט"ז ע"ד - ואין צדיק דומה לחבירו, ואין בריה דומה לחבירתה, וכל הנבראים כולם לצורך גבוה, כי אין יניקת כולם שוה, אף לא תיקון כולם שוה, ותתקן החלבנה בקטורת מה שלא תתקן הלבונה, לכן היה צריך באלו העולמות טו"ר ובינוני, ובכל אחד מינים לאין קץ.

רחובות הנהר ד"ג ע"ג - אמנם תיקון כולם עליונים ותחתונים תלוי בתיקון זו"ן דאצי', ותיקון זו"ן דאצי' תלוי ביד ישראל, הנק' בנים לזו"ן דאצי',)ע"ב(וע"י התפלות של ישראל מתבררים מבירורי המלכים דזו"ן, מבחי' העולמות ומבחינת הנשמות, שיעור קצוב בכל תפלה ותפלה, ומעלים אותם למ"ן, וכפי גודל כונתם, וזכותם, ומעשיהם, וזכות הזמן שבו נאמרה התפלה ההיא, כך גודל תיקונם להעלות ניצוצות רבים דמ"ן, אם בכמות אם באיכות, ובכל יום מעלים ניצוצות חדשות מחדש, ואין יום דומה לחבירו, ואין בריה דומה לחבירתה, ואין צדיק דומה לחבירו. וזהו גודל חיוב מצות התפלות והמצות, וכל אחד מתקן ומעלה כפי בחי' הראויה אליו, ותתקן החלבנה מה שלא תתקן הלבונה, ולכן הכל צריכים זו לזה, ולא יוכל שום אחד מישראל לעשות מה שיעשה חבירו, וכפי גודל הבירור שמתברר ועולה כח למעלה, ויורד שפע מלמעלה ע"י זווג העליונים, להשפיע בתחתונים, וע"י השפע היורד מוסיף כח בתחתונים ללקט ולברר ולהעלות מ"ן, כנזכר כל זה בפרקים הנ"ל.

שולחן ערוך, אורח חיים מ"ו ד' – צריך לברך בכל יום שלא עשני גוי, שלא עשני עבד, שלא עשני אישה.....מסביר **הט"ז** רצו להורות בזה שלא יטעה האדם לתלות ח"ו חיסרון בבריאת האדם, על שבורא עכו"ם, וכן בבריאת אישה. ובאמת יש בהן צורך אפילו בבריאת עכו"ם, שיצאו מהם גרים, כמ"ש בב"ק פרק הפרה שהס שהקדוש ברוך הוא על ב' אומות בשביל ב' פרידות טובות שעתיד לצאת מהם רות ונעמה. ובדבר זה יש לתרץ מה שקשה במה שראינו שברך הוא יתברך את אברהם על ידי הגר שיוליד י"ב נשיאים, וכי מה זו ברכה שיבואו הרבה כמותם לעולם הלא טוב יותר שיהיו רשעים מעטים. אלא שמתוך הרבוי יתרבו גרים. כמו שאמרו רז"ל הגלה הקב"ה את ישראל כדי שיתוספו עליהם גרים וכו'. וגם זה באשה שיש בה בריאה טובה שגם בריאה היא מקיימת קצת מצוות. על כן אמר כאן שנותן הודיה לו יתברך שלא עשאו עכו"ם, הורה בזה שיש צורך בריאה גם בעכו"ם וכל שכן באשה, אלא שזכה האדם שלא נברא הוא באופן אחר שהיה ג"כ צורך הבריאה. וזה, שלא עשני עכו"ם אבל לאחרים עשה, וכן באשה. וזה לא היה נרמז אם אמר שעשני ישראל, דהיינו אומרים שהבריאה למי שאינו ישראל אין בו צורך כלל. וגבי אשה היה מתורץ טפי דהוצרך להזכיר שיש מעלה גם בבריאת אשה, אלא שהוא לא נצטרך לאותה מעלה וכו'.

33

לרבי חיים ויטאל לא נתנה רשות לגלות את העולמות שמאל א"ק. גלוי עולמות אלו נעשה על ידי תלמיד האר"י, רבי ישראל סרוג בספרו **שבר יוסף.**

34

א"ק הוא עולם הכולל חמש פרצופים, ועשרה ספירות.

35

הרב ז"ל מלמד אותנו כי אין כלים בא"ק, והכלים דא"ק הם בתכלית הרוחניות, בסוגיה זאת הרב ז"ל אומר שיש כלים בא"ק, הכוונה היא בערך אורות דא"ק, הם נקראים כלים דא"ק, אבל בערך העולמות התחתונים הם בתכלית הרוחניות.

כְּלִי צ"ל הכלים, של י"ס דא"ק **הַנַּ"ל,** יֵשׁ בּוֹ בהם י' **אוֹרוֹת פְּנִימִיּוֹת** ונקראים אור פנימי, מתלבשים תוֹךְ י' כלים. וְעוֹד י' **אוֹרוֹת אוֹזְרִים,** מַקִּיפִים סָבִיב י' **עִגּוּלֵי** הַכֵּלִים הַנַּ"ל ונקראים אור מקיף, וגם הם מתלבשים בכלים דאור מקיף. **וְהַכְּלִי הָעֶלְיוֹן הַסּוֹבֵב עַל כָּל ט' כֵּלִים** התחתונים, הוּא הַנִּקְרָא כֶּתֶר דָא"ק. וְכֵלִי הַב' אֲשֶׁר בְּתוֹכוֹ, הַסּוֹבֵב עַל הַכֵּלִים הַנִּשְׁאָרִים, נִקְרָא חָכְמָה דָא"ק, וְכֵן עַד"ז עַד כֵּלִי הָעֲשִׂירִי, הַפְּנִימִיּוֹת שֶׁבְּכֻלָּם, הִיא נִקְרָא **מַלְכוּת דָא"ק** צ"ל נקראת וכולם הם בחינת שעור קומה של א"ק דעגולים, **וְכֻלָּם בְּצוּרַת עֲגוּלִים, זֶה בְּתוֹךְ זֶה כַּנַּ"ל. וְהִנֵּה אֵלּוּ הַיָ"ס דְעִגּוּלִים דָא"ק הָזֶה, הֵם מְמַלְאִים** כָּל מְקוֹם הַחֲלָל הַנַּ"ל[36], שֶׁבְּתוֹךְ אֶמְצָעוֹת צ"ל אמצע[37] הָא"ס כַּנִּזְכָּר בְּעָנָף א'. **וְהִנֵּה** י"ס דעוגולי א"ק הֵם **מַקִּיפִים** כָּל הֶחָלָל הַזֶּה, אָמְנָם נִשְׁאָר בָּאֶמְצַע אֵלּוּ הָעִגּוּלִים מָקוֹם חָלָל וּפָנוּי, לְצוֹרֶךְ שְׁאָר הַנֶּאֱצָלִים, **שֶׁהֵם גַּם כֵּן בְּצוּרַת עֲגוּלִים זֶה בְּתוֹךְ זֶה,** כאן הרב ז"ל דילג על אורות האח"פ[38] שכוללים גם את עולם העקודים **וְהֵם בְּבְחִינַת אוֹרוֹת הַנִּמְשָׁכִים מִן** דרך[39] הָעֵינַיִם דָא"ק זֶה, מִבְּחִינַת הַיּוֹשֶׁר שֶׁבּוֹ שֶׁהוּא כְּמַרְאֵה אָדָם, כמ"ש בעז"ה, **וְהֵם הַנִּקְרָאִים עוֹלָם הַנְּקוּדִים, אֲשֶׁר גַּם בָּהֶם** בעולם הנקודים יֵשׁ **צִיּוּר עֲגוּלִים זֶה בְּתוֹךְ זֶה**[40], לאפוקי עולמות אח"פ שאין בהם בחינת עגולים רק יושר, **וְכֻלָּם** כל עגולי עולם הנקודים **עוֹמְדִים תּוֹךְ אֵלּוּ י' עִגּוּלִים דָא"ק** מהטבור דא"ק ולמטה[41]. **בְּאוֹפֶן שֶׁי'**

36

הַשֶּׁמֶשׁ]א[– אשר בתוכו ואמצעיות.
בית לחם יהודה ש"ב פ"ב - בהגהות השמ"ש. אשר בתוכו ואמצעיות. טעות סופר, וצ"ל אשר בתוכיות ואמצעיות וכו'. כן הגירסא בע"ח כתב יד דספר ע"ח. והש"מש ז"ל אינו כי אם מעתיק גירסה ע"ח הנזכרת.

37

בחינה ממוצעת בין כח בלתי תכליתי לכח בעל תכלית.

38

לאורות אח"פ אין בחינת עגולים, אלא רק יושר.
ע"ח ש"ח פ"א דל"ה ע"א - ואותן האורות הנ"ל, שיצאו מאח"פ של א"ק אין בהם בחינת עגול ויושר, רק הכל יושר לבד, אך בחינת המצח והעין של זה האדם, שהם סוד הנקודות האלו, יש בהם בחינת עגולים ויושר, דוגמת א"ק, ויוצאין מנה"י וחצי ת"ת של זה הא"ק ולמטה מבחינת היושר, ושם יוצאין תחלה העגולים של הנקודות, והם מעגלים ומקיפים את הנה"י וחצי ת"ת דא"ק,)שהם(סוד היושר שלו, ומקיפים אותו יושר והוא באמצען.

39

שורש אורות אלו שהם סמ"ב דס"ג, וב"ן דעסמ"ב דב"ן הם בתוך א"ק, ויצאו **דרך** העינים, לאפוקי אורות העיניים עצמם שנקראים ע"ב דע"ב דס"ג.

40

הַשֶּׁמֶשׁ]ב[– וכן כל שאר הנאצלים, אחרי עולם הנקודים הנה גם הם יש בהם ציור עיגולים זה תוך זה.
בית לחם יהודה ש"ב פ"ב – שם בד"ה וכן כל שאר הנאצלים וכו'. כמו כן מעתיק השמ"ש גירסא ע"ח הנזכרת, שכן הגירסא שם בגוף ע"ח עצמו.

41

עיגולים דא"ק הם מתעגלים, ומקיפים, וסובבים, כל שאר עיגולים אשר בכל העולמות, וכל שאר העיגולים הם מוקפים תוך אלו, כי כל עיגול המשובזז מזוברירו הוא מקיף את זוברירו, וסובב אותו, והיותר תזותון במעלה מזוברירו, הוא יותר פנימי, והוא מסובב מזוברירו, עד שנמצא היותר פנימי מכולם, הוא גרוע מכולם, והם בזוינת הרקיעים והגלגלים של עולם העשיה, שהם י' גלגלי הרקיע, הנזכר בהקדמת התיקונים הקדמת תיקוני הזהר ד"ג ע"ב[42], והם נקראים אופנים, אשר הם הרקיעים הסובבים עלינו, בעולם השפל ובעולם הזוומרי הזה. ומבואר הוא שמאזר שהם יותר פנימים ותוכניים שבבכל העיגולים, אם כן פשוט הוא שיהיו יותר תזותונים מהם, כגלדי בצלים זה בזה, שהגלד הזוזצון העליון מכולם, הוא יותר גדול[43], ועד"ז הם נכללים ומתלבשים זה בתוך זה וכל זה בסוגית העגולים. ובענין הי' עיגולים דעולם הנקודים, יתבאר בע"ה ענין דרוש העיגולים בפרטות, ובמקום הזה לא נוכל לבאר בפרטות, רק בכללות ובקיצור גדול וע"ש[44]. ואזזר שיצאו י' עיגולי א"ק הזה, שהם בזוינת נפש[45] שבו, עוד נתגלו ויצאו בא"ק זה, י"ס שהם בזוינת י"ס אזזרות ביושר בציור אדם, בעל רמ"ז איברים, בראש כחב"ד, וזרועות חג"ת, ושוקיים נה"ים, כו', והם בזוינת רווז[46] שבו, והוא נמשך ונתפשט ביושר מלמעלה למטה, מראש גג העליון של עיגול עליון שהוא כתר דא"ק דעגולים, שבבכל י' עיגולים כי היושר כל עגול ועיגול

תרשים ב – א.

[42]

תקוני זהר, הקדמה ד"ג ע"ב - ועלת על כלא והעילה על הכל, שהוא הא"ס ב"ה, **הוא נהיר בעשר ספירות דאצילות** הוא מאיר בעשר ספירות שבעולם האצילות, **ובעשר ספירות דבריאה** ובעשר ספירות של עולם הבריאה, **ונהיר בעשר כתות דמלאכייא** ומאיר בעשר כיתות של המלאכים שהם בעולם היצירה, שהוא עולם המלאכים, **ובעשר גלגלי דרקיעא ולא אשתני בכל אתר** ובעשר גלגלי הרקיע, שהם בעולם העשיה, שהם הגלגלים שסובבים את העולם החומרי שלנו.

[43]

הגהות וביאורים)א(– והוא מלביש ומכסה את כולם.

[44]

ע"ח שערים ח, ט, י, י"א.

[45]

כלל – הנהגת העיגולים היא נקראת בחינת נפש, והיא הנהגה כללית.

[46]

כלל – הנהגת היושר היא נקראת רוח, והיא הנהגה פרטית.

מתחיל ממקום העיגול[47], **עַד קָרוֹב אֶל סיום תַחֲתִית** שהיא מלכות דעתיק דאצילות **י' עִיגּוּלִים אֵלוּ שֶׁלוֹ** ולא נוגע בעגולים דא"ק, וגם לא במלכות דעתיק דאצילות, אלה עד מלכות דעתיק מצד מטה.

[הגהה] צריך עיון, דלעיל אמר[48] דרגלי מ"ק דיושר, מגיעים למטה עד חצאי עיגולי עתיק ולא יותר, באופן שתחת יושר דא"ק התעגלו עשרה עיגולי עתיק, ועשרה עגולי א"ק, **וכאן אמר** שיושר דא"ק מתפשט **עד סיום תחתית עשרה כל העיגולים שלו**[49].

47

כל יושר מתחיל מהעגול שלו, לדוגמה, יושר דכתר מתחיל ממקום עיגול דכתר, יושר דחכמה מתחיל ממקום עגול דחכמה, וכן בכל י"ס.
תרשים ב – ב.

48

בית לחם יהודה ש''ב פ''ב – בהגהה. צ"ע דלעיל אמר וכו'. לק"מ כי עתיק הוא בחינת מלכות דא"ק, וא"כ עשרה עגולי עתיק הם מכללות עגולי א"ק, ונקראים עגולים שלו, ולפי שלא בקע עשר עגולי עתיק כמבואר בענף ד' דשער א', לכן אמר עד קרוב אל סיום תחתית וכו', כי סיום העגולים שלו הוא עגול המלכות, שמתעגלת בפנימיות כולם, ועד חצי התחתון שלה, שהוא תחתית העשר עגולים כולם, עד שם היו מגיעים רגלי היושר דא"ק.

49

הגהות וביאורים)ב(- א"ה, עד קרוב אמר, ובזה מתיישב הכל, וא"ש את"ם, עיין שער ההקדמות הקדמה ה'.

עֵץ חַיִּים

לְרַבֵּינוּ חַיִּים וִיטַאל

שֶׁקִּיבֵּל מִמָּרָן הָאֲרִ"י זלה"ה

שַׁעַר ב'

שַׁעַר הַשְׁתַּלְשְׁלוּת ע"ס

עָנָף ב'

חֵלֶק הַתַּרְשִׁימִים טַבְלָאוֹת וְצִיּוּרִים

שְׁמוֹנַת חַיִּים

הקדמה קצרה

דע כי כל התרשימים הציורים והטבלאות, הם אך ורק לשכך את האוזן, ולשבר את העין. וכל הציורים הם לא שלמים.

כתב הרי"ח הטוב ברב פעלים ח"ב בסוד ישרים ה' - אך דע לך כי סדר התלבשות המחצבים שכתב מהרח"ו בשערי קדושה עד עולם הזה שאנחנו עומדים בו. וכן סדר התלבשות הפרצופים אשר בכל מחצב ומחצב, וסדר התלבשות העולמות זה בזה, והיושר והעיגולים, לא אית אינש דכיל למנלע רזא דנא, איך היא עשוי, איך הוא עומד, ולא אפשר לשכל אנושי לצייר כל הנזכר על אמתיתם, ועל בוריין מפני כי שכל האנושי בהיותו עצור ומונח בגוף גשמיי, אי אפשר לי להשיג דבר רוחני, והוא זה דומה לאדם סומא מן הבטן שלא ראה מאורות מימיו, דודאי אי אפשר לו לצייר מראות השמש והירח הנראין לעיני הבריות, וכל שכן מה שיש למעלה.

וכן כתב ברב פעלים ח"א בסוד ישרים א' - סוף דבר הכל נשמע, ה' אחד ושמו אחד, ואין לו גוף ולא דמות הגוף, ואין לו שום ציור, ותמונה ודמיון כלל ועיקר, וגם כל העולמות וספירות הקדושים למעלה אין להם ציור ודמיון של גופים האלה כלל, ואין מי שיוכל לידע איך הוא עמידתם וסדרם, ואיך עומדים עולמות היושר ועולמות העיגולים, ואיך מתחברים זה עם זה, ואיך נמשך השפע מזה לזה, ואיך הוא תוארם ומראיהם, ואיך הוא מהות השפע המחיה אותם, ומקיים אותם, וכמה הוא שיעור אורכם וגובהן ורחבם, ואיך הם נכללים זה בזה, ומלבישים זה לזה, כי בכל זאת אין שום שכל אנושי יוכל לדעת, ולהבין, ולהשיג, כלל ועיקר.

הרב ז"ל כתב בשער אח"פ תחילת פ"א וז"ל - כבר ידעת כי אין בנו כח לעסוק קודם אצילות עשר ספירות, ולא לדמות שום דמיון וצורה כלל ח"ו, אך לשכך האזן, אנו צריכים לדבר דרך משל ודמיון, לכן אף אם נדבר במציאות ציור שם למעלה, אין הדבר רק לשכך האזן. אמנם דע כי עשר ספירות דאצילות הם שתי ענינים. האחד הוא התפשטות הרוחניות, והשני הוא כלים ואברים אשר העצמות מתפשט בהם. והנה צריך שיהיה לכל זה שורש למעלה לשתי בחינות אלו, ולכן צריכין אנו לדבר בסדר המדרגות מראש עד סוף, והנה נתחיל ונאמר כי הלא הא"ס ב"ה אין בו שום ציור כלל ח"ו כמבואר.

הרב ז"ל כתב בשער תנת"א פ"א - והנה אף על פי שאנו מכנים וקוראים כאן כנויים אלו כגון אדם ראש אזנים וכיוצא אינו רק לשכך האזן לשיובנו הדברים לכן אנו מכנים כנויים אלו במקום גבוה, עד כאן לשונו.

וכן הרמ"ק בפרדס רימונים ש"ו פ"א - וציירו להם המקובלים צורות ביריעות גדולות וקראום אילן.

הרב ז"ל כתב בסוף ש"ה פ"ד וז"ל - ואמנם דבר גלוי הוא כי אין למעלה גוף ולא כח גוף חלילה. וכל הדמיונות והציורים אלו לא מפני שהם כך חס ושלום. אמנם לשכך את האוזן לכשיוכל האדם להבין הדברים העליונים הרוחניים בלתי נתפסים ונרשמים בשכל האנושי, לכן ניתן רשות לדבר בבחינת ציורים ודמיונים, כאשר הוא פשוט בכל ספרי הזוהר. וגם בפסוקי התורה עצמה כולם כאחד עונים ואומרים בדבר הזה כמו שאמר הכתוב עיני ה' המה משוטטים בכל הארץ. עיני ה' אל צדיקים. וישמע ה'. וירח ה'. וידבר ה'. וכאלה רבות וגדולה מכולם מה שאמר הכתוב ויברא אלהים את האדם בצלמו בצלם אלהים ברא אותו זכר ונקבה וגו'. ואם התורה עצמה דברה כך גם אנחנו נוכל לדבר כלשון הזה, עם היות שפשוט הוא שאין שם למעלה אלא אורות דקים, בתכלית הרוחניות, בלתי נתפשים שם כלל, וכמו שאמר הכתוב כי לא ראיתם כל תמונה, וכאלה רבות. ואמנם יש עוד דרך אחרת כדי להמשיך ולצייר בה הדברים העליונים, והם בחינת כתיבת צורת אותיות, כי כל אות ואות מורה על אור פרטי עליון, וגם תמונת זו דבר פשוט הוא כי אין למעלה לא אות, ולא נקודה, וגם זה דרך משל וציור לשכך את האוזן כנזכר. ולכן נבאר עתה הקדמה הנזכר על דרך ציור האותיות גם כן ובבחינת ציורים אלו, הן ציור האדם, והן ציור אותיות, שתיהן מוכרחים להבין ענין האורות העליונים, כאשר תראה ספרי הזוהר בנויים על שתי בחינות הציורים האלה, עד כאן לא.

ולכן גם אנחנו הרשינו לעצמינו לצייר ציורים, תרשימים וטבלאות, אך ורק כדי לשכך את האוזן, ולשבר את העין, כדי להבין את הסוגייה.

אח"י

תרשימים שׁעַר ב' עֹנֶף ב'

סדר שמות שמות ההיכלות והשערים בעץ חיים

שם היכל	שער	שם השער	א	ב	ג	ד	ה	ו	ז	ח	ט	י	יא	יב	יג	יד	טו
אדם קדמון	א	עיגולים ויושר	א	ב	ג	ד	ה									
	ב	השתלשלות י"ס דרך עגו'	א	ב	ג											
	ג	סדר אצילות למהרח"ו	א	ב	ג											
	ד	אח"פ	א	ב	ג	ד	ה									
	ה	טנת"א	א	ב	ג	ד	ה	ו	ז							
	ו	עקודים	א	ב	ג	ד	ה	ו	ז	ח						
	ז	מטי ולא מטי	א	ב	ג	ד	ה									
נקודים	ח	דרושי נקודות	א	ב	ג	ד	ה	ו								
	ט	שבירת הכלים	א	ב	ג	ד	ה	ו	ז	ח						
	י	תיקון	א	ב	ג	ד	ה									
	יא	מלכים	א	ב	ג	ד	ה	ו	ז	ח	ט	י				
הכתרים	יב	עתיק	א	ב	ג	ד	ה									
	יג	א"א	א	ב	ג	ד	ה	ו	ז	ח	ט	י	יא	יב	יג	יד	
או"א	יד	או"א	א	ב	ג	ד	ה	ו	ז	ח	ט	י				
	טו	זווגים	א	ב	ג	ד	ה	ו								
	טז	הולדת או"א וזו"ן	א	ב	ג	ד	ה	ו	ז							
ז"א	יז	ז"א	א	ב	ג											
	יח	רפ"ח נצוצין	א	ב	ג	ד	ה	ו								
	יט	אנ"ך	א	ב	ג	ד	ה	ו	ז	ח	ט	י				
	כ	המוחין	א	ב	ג	ד	ה	ו	ז	ח	ט	י	יא	יב			
	כא	לידת המוחין	א	ב	ג											
	כב	מוחין דקטנות	א	ב	ג											
	כג	מוחין דצלם	א	ב	ג	ד	ה	ו	ז	ח						
	כד	פרקי הצלם	א	ב	ג	ד	ה	ו	ז							
	כה	דרושי הצלם	א	ב	ג	ד	ה	ו	ז	ח						
	כו	צלם	א	ב	ג	ד										
	כז	פרטי עי"מ	א	ב	ג	ד										
	כח	עיבורים	א	ב	ג	ד	ה									
	כט	נסירה	א	ב	ג	ד	ה	ו	ז	ח	ט					
	ל	פרצופים	א	ב	ג	ד	ה	ו	ז							
	לא	פרצופי זו"ן	א	ב	ג	ד	ה									
	לב	הארת המוחין	א	ב	ג	ד	ה	ו	ז	ח	ט					
	לג	אונאה	א	ב	ג	ד	ה									
נוק' דז"א	לד	תיקון הנוקבא	א	ב	ג	ד	ה	ו	ז							
	לה	הירח	א	ב	ג	ד	ה									
	לו	מיעוט הירח	א	ב	ג	ד										
	לז	יעקב ולאה	א	ב	ג	ד	ה									
	לח	לאה ורחל	א	ב	ג	ד	ה	ו	ז	ח	ט					
	לט	מ"ן ומ"ד	א	ב	ג	ד	ה	ו	ז	ח	ט	י	יא	יב	יג	יד	טו
	מ	פנימיות וחצוניות	א	ב	ג	ד	ה	ו	ז	ח	ט	י	יא	יב	יג	יד	טו
	מא	חשמל	א	ב	ג											
אבי"ע	מב-א	דרושי אבי"ע	א	ב	ג	ד	ה	ו	ז	ח	ט	י	יא	יב			
	מב-ב	כללות אבי"ע	א	ב	ג	ד										
	מג	ציור עולמות אבי"ע	א	ב	ג	ד										
	מד	שמות	א	ב	ג	ד	ה	ו	ז							
	מה	מקיפין	א	ב	ג	ד										
	מו	כסא הכבוד	א	ב	ג	ד	ה	ו								
	מז	סדר אבי"ע	א	ב	ג	ד	ה	ו								
	מח	קליפות	א	ב	ג	ד										
	מט	קליפת נוגה	א	ב	ג	ד	ה	ו	ז	ח	ט					
	נ	קיצור אבי"ע	א	ב	ג	ד	ה	ו	ז	ח	ט	י				

תרשימים שער ב' ענף ב'

טבלת ערכים

עשיה	יצירה	בריאה	אצילות	אדם קדמון	עולמות
נוקבא	ז"א	אמא	אבא	ע"י וא"א	פרצופים
מלכות	חג"ת נה"י	בינה	חכמה	כתר	ספירות
ה	ו	ה	י	קוץ של י'	הוי"ה
נפש	רוח	נשמה	חיה	יחידה	אורות
ב"ן - יוד הה וו הה	מ"ה - יוד הא ואו הא	ס"ג - יוד הי ואו הי	ע"ב - יוד הי ויו הי	שורש הוי"ה	מילוי
אותיות	תגין	נקודות	טעמים	שורשים	טנת"א
אין ניקוד	סגול, שוה, חולם חיריק, קבוץ, שורוק	צרי	פתח	קמץ	נקודות
עטרת היסוד	גוף וברית	מוח שמאל	מוח ימין	גולגולתא	אדם
כבד	לב	מוח	ל - מקיף, חיה	מ - מקיף, יחידה	מל"צ
היכל	לבוש	גוף	נשמה	שורש	שנגל"ה
יעו"ר	זו"ן	ישסו"ת	או"א עלאין	עו"ן ואו"ן	י"ב פרצופים
כלים	לבושים	צלמים	מוחין	אורות	כל צמא
עור	בשר	גידין	עצמות	מוח	אברים
דיבור	ריח	שמיעה	ראיה	מוח	חושים
חושך	מלאכים	נשמות	ספירות	א"ס	מחצבים
צ' כבד	צ' לב	צ' מוח	ל' מקיף א'	מ' מקיף ב'	צלם
דומם	צומח	חי	מדבר	אלוקות	דחצ"מ
עפר	רוח	אש	מים	יולי	יסודות
וילון	מכון, מעון, זבול שחקים, רקיע	ערבות	ערבות	ערבות	רקיעים
לבנה	כוכבים	מזלות	גלגל היומי	גלגל השכל	גלגלים
לבנת הספיר	אהבה, זכות, רצון, עצם השמים, לבנת הספיר	קודש קודשים	קודש קודשים	קודש קודשים	היכלות
כו - וד ה ו ה	יט - וד א או א	לז - וד י או י	מו - וד י יו י		מילוי הוי"ה
קנ"א - אלף הה אלף יוד הה	קמ"ג - אלף הא יוד הא	קס"א - אלף הי יוד הי	קס"א - אלף הי יוד הי		אהי"ה

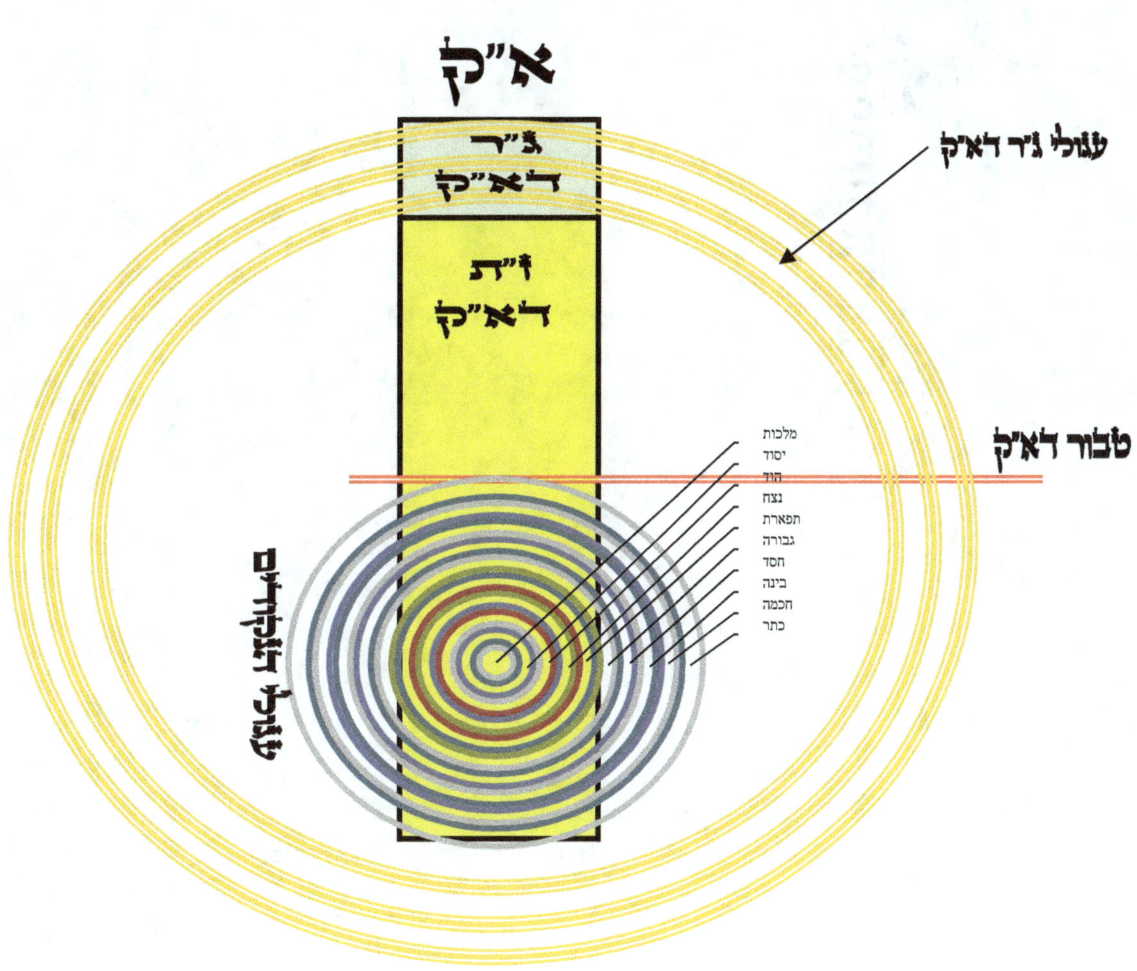
א"ק
ג"ר
דא"ק
ז"ת
דא"ק
עולי ג"ר דא"ק
טבור דא"ק
מלכות
יסוד
הוד
נצח
תפארת
גבורה
חסד
בינה
חכמה
כתר

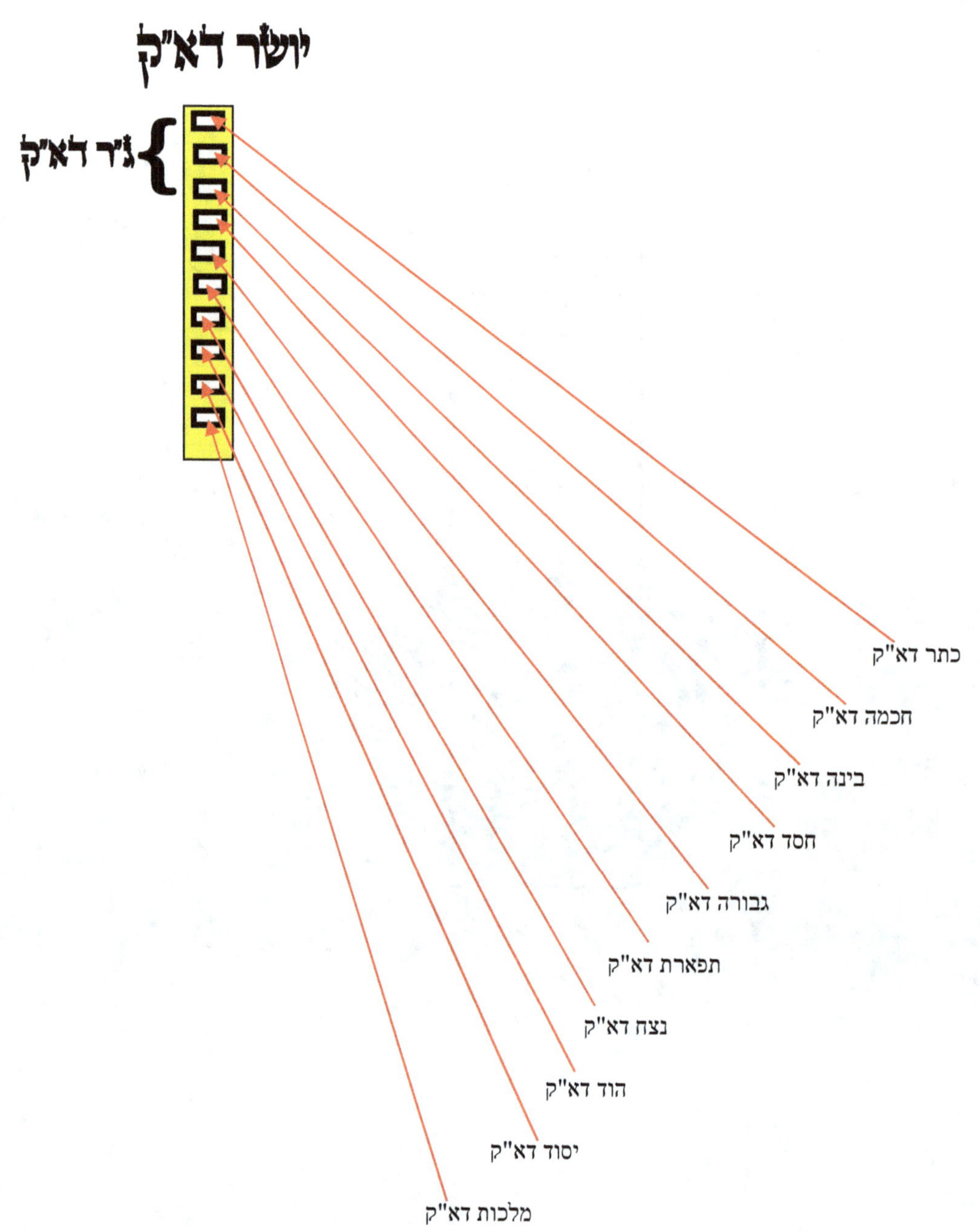
יושר דא"ק
גיד דא"ק
כתר דא"ק
חכמה דא"ק
בינה דא"ק
חסד דא"ק
גבורה דא"ק
תפארת דא"ק
נצח דא"ק
הוד דא"ק
יסוד דא"ק
מלכות דא"ק